1冊でわかる
聖書66巻

＋《プラス》旧約続編

小友 聡
木原桂二

日本キリスト教団出版局

★本書は月刊『信徒の友』（日本キリスト教団出版局）の連載「聖書66巻　それぞれの歌を聴く」（2021年4月号〜2023年3月号）及び、2023年2月号の特集「超入門！旧約聖書『続編』」の記事「それぞれの書をのぞいてみる」を収録したものである。

★聖書の引用は日本聖書協会『聖書　新共同訳』に基づく。

聖書名目づくし（「鉄道唱歌」の曲で）

1、創《そう》・出《しゅつ》・レビ・民《みん》・申命記《しんめいき》、ヨシュア・士師《しし》・ルツ・サム・列王《れつおう》、歴代《れきだい》・エズ・ネヘ・エステル記《き》、ヨブ・詩《し》・箴言《しんげん》・コヘレ・雅歌《がか》

2、イザヤ・エレ・哀《あい》・エゼ・ダニエル、ホセア・ヨエ・アモ・オバ・ヨナ・ミ、ナホム・ハバクク・ゼファニヤ書、ハガ・ゼカ・マラキで39（さんじゅうく）

3、マタ・マル・ルカ・ヨハ・使徒《しと》・ローマ、コリ・ガラ・エフェ・フィリ・コロ・テサ2、テモ・テト・フィレモン・ヘブ・ヤコブ、ペトロ2・ヨハ3・ユダ、黙示《もくし》

（浅見定雄『改訂新版　旧約聖書に強くなる本』（日本キリスト教団出版局）より。なおこの替え歌は複数のバージョンがある。書名表記は『聖書　新共同訳』。）

はじめに――聖書って何？

小友　聡

聖書は英語でBible（バイブル）と言います。これは「本」という意味で、もともと古代ギリシャ語のビブリオンに由来します。聖書はキリスト教の正典（カノン）です。つまり、基準であり規範ということです。この聖書を土台として教会は成り立ちます。聖書以外に教会が依存するものはありません。キリスト教では旧約聖書と新約聖書の両方を聖書と呼び、それは旧約39巻、新約27巻、計66巻から成ります。掛け算のサンク・ニジュウシチ（3×9＝27）と覚えましょう。この66巻を覚える歌（「鉄道唱歌」の替え歌。前ページ）がありますので、ぜひ歌って覚えてください！

〈旧約聖書って何？〉

旧約聖書は創世記から始まり、マラキ書に至る39巻の書物です。神が天地万物を造り、イスラエルの民と契約を結び、この民の歴史を導きます。イスラエルは背信のために国を失い、滅亡を経験するのですが、この民を神は見捨てませんでした。イスラエルの民は王国再興を願い、それをもたらすメシアの到来を待ち続けるのです。このような、神による壮大な救済史を旧約聖書は記しています。律法（モーセ五書）、歴史書、詩文学、預言書という区分があり、１５００頁という分厚い書です。旧約聖書という呼び名は、「旧《ふる》い契約」の書という意味です。神がイスラエルの民と契約を結び、その契約がこの書全体を貫いているのです。

〈新約聖書って何？〉

新約聖書はイエス・キリストが旧約聖書に預言された約束のメシア（救い主）であることを証言します。そして、イエス・キリストを信じる人の群れである教会が新しいイスラエルとして、全世界へと福音を宣《の》べ伝え、神の救済の完成を待つのです。「新約」は「旧約」を前提にします。旧《ふる》い契約がイエス・キリストにおいて成就し、その結果、イエス・キリストを信じる教会が「新しい契約」の対象、つまり新しいイスラエルになりました。新約聖書は４つの福音書、使徒言行録、パウロやヨハネなどの書簡、ヨハネ黙示録を含みます。全部で27巻あります。イエス・キリストを信じる信仰において新約聖書は決定的に重要です。けれども、旧約聖書と新約聖書は一つにつながる聖書だということをお忘れなく。

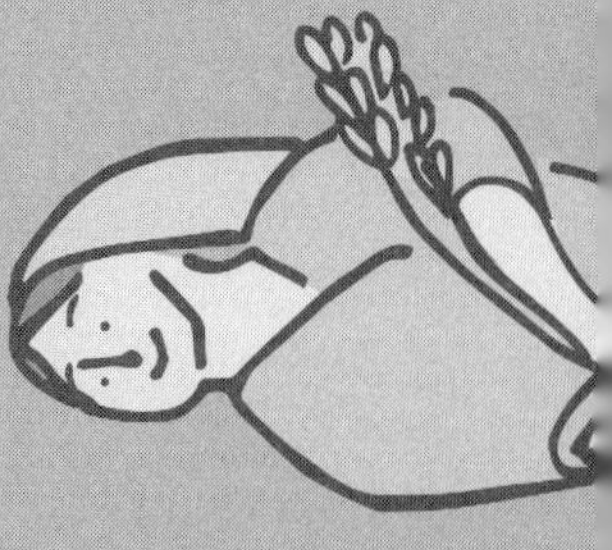

旧約聖書39巻

●小友 聡

旧約聖書の構成

歴史書〈過去〉

- 創世記
- 出エジプト記
- レビ記
- 民数記
- 申命記
- ヨシュア記
- 士師記
- ルツ記
- サムエル記上、下
- 列王記上、下
- 歴代誌上、下
- エズラ記
- ネヘミヤ記
- エステル記

詩文書〈現在〉

- ヨブ記
- 詩編
- 箴言
- コヘレトの言葉
- 雅歌

預言書〈未来〉

- イザヤ書
- エレミヤ書
- 哀歌
- エゼキエル書
- ダニエル書
- ホセア書
- ヨエル書
- アモス書
- オバデヤ書
- ヨナ書
- ミカ書
- ナホム書
- ハバクク書
- ゼファニヤ書
- ハガイ書
- ゼカリヤ書
- マラキ書

神に背いて呪われた人間が
神によって祝福へと招かれる

1 創世記《そうせいき》

地上の氏族はすべて　あなたによって祝福に入る。

（12・3）

皆さんの中には、よし、今から聖書全巻を通読するぞと意気込んでこの本を手に取った方もいるでしょう。「はじめに」で書いたように聖書は旧約聖書と新約聖書とがありますが、これからまずは旧約聖書39巻を1巻ずつ解説し、福音を聴いていきます。最初は創世記です。

創世記は聖書を開くとまず出会う書です。

「モーセ五書」という言葉を聞いたことがあるでしょうか。創世記から申命記までの5つの書をモーセが書き記したという伝説に基づいて、こう呼ばれます。その最初がこの創世記です。

創世記は、マラキ書に至る旧約聖書39巻の始まりでもあります。さらに新約聖書の最後に置かれたヨハネの黙示録に至る、旧新約聖書66巻の始まりでもあります。

聖書は世界の歴史を、天地創造に始まり神の国の完成に至る、壮大な救済の歴史と捉えます。この救済史を導く神が主権を有し、完成に向かってご計画を進めます。創世記はその開始を告げる書なのです。つまり創世記冒頭に記される天地創造は、神の国の完成を見据えていると言えます。

創世記の内容は2つに分けられます。1〜11章と12〜50章です。11章までは、天地創造、楽園物語と楽園からの追放、洪水物語、人間の世界分散という流れです。これは、神によって造られた人間が、神に背いたために祝福を失い、呪われて、世界に散らされるという物語です。

12章からの後半は族長物語と呼ばれます。アブラハム、イサク、ヤコブという人物が登場します。アブラハムはイスラエル民族の起源です。新約聖書ではイエス・キリストの系図がアブラハムから始まります（マタイ1・2）。すなわち、アブラハムはイエス・キリストの祖先であり、その子のイサクの子ヤコブはイスラエルという名を与えられ、彼の12人の息子が「イスラエル十二部族」となります。

37章からはヤコブの息子ヨセフの物語です。エジプトの宰相（総理大臣）となったヨセフの手引きで、族長ヤコブの家族がエジプトに渡って寄留し、ヤコブもヨセフも生涯を終えるところで創世記は終了します。

つまり創世記は、神に背いて呪われた人間が、アブラハムに始まる族長たちによって祝福へと招かれるという物語なのです。神がアブラハムに「地上の氏族はすべて　あなたによって祝福に入る」（12・3）と約束したとおりです。呪いは祝福に転じます。けれどもヨセフ物語が示すように、神の祝福は果てしなく厳しい試練を通って実現します。神は導く神です。旧約聖書という壮大な神の救済史の、最初の模範的例証となるのが創世記です。

アブラハムは選びの民イスラエルの父祖です。しかし、それは彼自身の栄光ではありません。アブラハムが選ばれたのは、彼が祝福の基となって、すべての氏族に祝福がもたらされるためでした。祝福をもたらす執り成し《とな》手となることが使命なのです。同じように、私たちもすべての人に神の祝福をもたらす使命を与えられているのです。

2 出《しゅつ》エジプト記《き》

エジプトから救い出された人々が「神の民」として育てられる

わたしは主、あなたの神、あなたをエジプトの国、奴隷の家から導き出した神である。
（20・2）

出エジプト記は、創世記に続くエジプトからの脱出物語です。エジプトに寄留していたヤコブの家族はやがて数が増え、イスラエルという民になります。けれどもイスラエルの民はエジプトの王ファラオの奴隷とされ、虐げられました。

この民を救うためにモーセが遣わされ、彼によってエジプト脱出を果たします。しかし背後からエジプトの戦車隊に追いかけられ、目の前は大海原という絶望的な状況に……。そこで神が激しい東風を起こして海を2つに分け、イスラエルの民を奇跡的に救済されたという大スペクタクルが起こります（14章）。こうしてエジプトから逃れた民が、荒れ野を旅して前に進む。これが出エジプト記です。

この書は40章から成り、18章までがエジプト脱出の物語です。19章以下には、イスラエルがシナイ山で十戒を始めとした律法（トーラーと言います）を与えられ、神と契約を結んで「神の民」となるという、旧約聖書における決定的な出来事が記されます。ところが神の民となったイスラエルは金の子牛を拝み、早くも神に背を向けました（32章）。そこで、再び契約が結ばれ、幕屋の建設と礼拝規定で締めくくられます。

出エジプト記は物語として記されていますが、19章から24章はシナイ山での契約締結とその内

容です。神はイスラエルを「神の民」として選び、イスラエルに祝福を約束して契約を結びました。この契約は双方向です。つまり神が一方的に祝福するのではなく、民には応答が求められます。そのために神は、2枚の石の板に刻まれた十戒を民に与えました（20章）。この十戒がシナイ山での契約において最も重要であり、律法の要諦と言えます。これを守ることが神の民としての責務となります。

繰り返しますが、出エジプト記はエジプトから救済されたイスラエルが「神の民」となるという物語です。イスラエルが神の民となるために、契約は結ばれました。この契約をしっかり守ることがイスラエルの歴史において、いや、私たちにとって、決定的に重要です。しばしば誤解されるのですが、十戒は厳しい戒めではありません。十戒を守ることは、むしろ感謝の応答です。イスラエルの民をエジプトでの奴隷状態から救済してくださった神の恩寵に対して、イスラエルが誠実を尽くして示す信仰の応答なのです。ですから十の戒めの前に置かれた、「わたしは主、あなたの神、あなたをエジプトの国、奴隷の家から導き出した神である」（20・2）という神の救済宣言は、十戒の序であるのみならず、出エジプト記の中心となる福音のメッセージを語っています。

エジプトから救い出された民は、その救われた恵みに応えて、主に従います。イエス・キリストによって救われた私たちも同じです。恵みに応えて、神を愛し隣人を愛する（マタイ22・34〜40）歩みをします。十戒は、私たちにとっても、救いに感謝して歩む道を具体的に示す道しるべです。

3 レビ記《き》

私たちはいつ、どこで神さまに出会うことができるか

あなたたちはわたしの安息の日を守り、わたしの聖所を敬いなさい。わたしは主である。（26・2）

レビ記は出エジプト記に続く旧約聖書3番目の書です。創世記から聖書を読み始めた方は、出エジプト記後半からレビ記に入って迷路にはまり込み、ついにギブアップ！　となりはしないでしょうか。なにしろレビ記は祭儀の細かな規定ばかりで、読んでもちっともおもしろくなく、信仰を励ましてくれる言葉に出会うことも稀です。

レビ記を読むコツは、この詳細な規定が何のために定められているのかを捉えることです。今回そこを明らかにしましょう。

その前に、出エジプトからの物語を振り返ってみます。

モーセを先頭にエジプトを脱出したイスラエルの民は荒れ野の試練を経験したあと、シナイ山で神と契約を結び、神の民となりました。この神の民が守るべき定めとして、幕屋の建設が指示されます。幕屋とは、イスラエルが荒れ野を移動する旅において、礼拝場所となる可動式の聖所のことです。テント型の聖所とも言えるでしょう。出エジプト記25章から40章がこの幕屋建設の定めです。

それに続くのがレビ記です。シナイ山において命じられた幕屋に関わる律法の諸規定は、出エジプト記25章以降のみならず、レビ記全体をも含んでいるのです。

レビ記は祭儀に関する詳細な規定です。まず、主が臨在の幕屋からモーセに呼びかける場面で始まります（1・1）。出エジプト記とつながっているのです。

そして、幕屋の中でどのように祭儀を執行するか、祭儀を行うための具体的な規定のみならず、祭儀を執行する祭司の制度規定、さらに祭儀が行われる安息日の規定が定められていきます。最後は献げ物の規定です（27章）。このように祭儀規定がずらりと並んでいるのがレビ記です。

前半は1～16章です。祭儀の分類とささげ方、祭司の任職規定、祭儀の禁止事項、贖罪日という内容です。後半は17～26章。この部分は「神聖法集」と呼ばれます。その前半（17～22章）は祭儀をささげる空間である聖所の規定です。後半（23～26章）は祭儀をささげる時間である安息日の規定です。

なぜこんな煩雑な規定ばかり書かれているのか、もう少し信仰的な教えや意味あることを書いてくれればいいのにと思うかもしれません。しかし、レビ記には一貫している神学があります。それは礼拝の神学です。神の顕現に出会うために、神の民はどのようにすべきかということです。

イスラエルは神の民として選ばれました。その神の民が神を礼拝するために、礼拝場所である聖所の聖性と、礼拝時間である安息日の聖性とが大切にされているのです。だからこそ「あなたたちはわたしの安息の日を守り、わたしの聖所を敬いなさい。わたしは主である」（26・2）と命じられています。

私たちもキリスト者として礼拝を守ります。礼拝堂という空間において、どのように主と出会うかを真剣に考えます。また、日曜日という礼拝の日と時間を守ります。それはレビ記が教えることなのです。

4 民数記《みんすうき》

神の民はつぶやき、つまずきながらも神の祝福に支えられて旅を全うする

主があなたを祝福し、あなたを守られるように。主が御顔を向けてあなたを照らし　あなたに恵みを与えられるように。（6・24〜25）

モーセ五書の4番目、民数記で、出エジプト記から続く荒れ野の旅はヨルダン川まで辿り着きます。ゴールはもうすぐです。「民数記」という題は、冒頭に置かれた荒れ野における人口調査から取られたもので、後半に再度人口調査が記されます（26章）。

出エジプトの旅は、出エジプト記19章で民がシナイ山に到着し、律法を授与されることによって一時休止となりました。そして20章後半から律法の定めの記述となり、レビ記、さらに民数記10章10節に至るまで延々と続きます。つまり、出エジプト記19章1節から民数記10章10節まで、長大な「シナイ山での契約締結と律法授与」の記述になっています。

シナイ山をようやく出発するのが民数記10章11〜12節です。このあと、神の民は荒れ野の旅をさらに進めます。しかしそれは円滑で快適な旅ではありません。エジプトを出たばかりで、まだ神の民となっていないイスラエルの民は、シナイ山に到着するまで荒れ野で不平をこぼしていました（出エジプト記15〜18章）。同様に、シナイ山を出発した神の民も荒れ野を旅する途中で、「肉が食べたい！」（民数記11章）、「喉が渇いた！」（20章）と不満を示します。その試練を超えてようやく約束の地カナンの手前、ヨルダン川東岸に辿り着くのです（33章）。

内容を概観すれば1章1節〜10章10節が祭儀に関する規定、10章11節〜20章13節が荒れ野の旅、20章14節〜36章がヨルダン川東岸地域の占領です。

込み入っていますが、全体を物語として読むならば、荒れ野を旅する第一世代が旅の途中で死に絶え（1〜25章）、次の世代が約束の地に向かって旅を継続する（26〜36章）とおおまかに捉えることができます。いずれも人口調査が起点になっています。

民数記は、荒れ野を旅する神の民が試練を受ける物語です。シナイ山で契約が結ばれ、聖なる神の民となったにもかかわらず、民は不平不満を募らせ、反逆をも企てました。それゆえに、最初の世代は死に絶えるのです。

けれども子や孫たちが志を継承し、旅を続けます。この世代交代した民は約束の地を目指して、ヨルダン川東岸地域を占領し、ついにヨルダン川まで辿り着きました。長く苦しい旅路でした。しかし振り返ってみると、荒れ野の旅全体を通して、イスラエルに対する神の祝福はいささかも失われてはいません。神はイスラエルを聖なる民とし、共に歩んでくださるのです。

私たちになじみ深いとは言えない民数記ですが、教会の礼拝の最後にしばしば聴く言葉もあります。「主があなたを祝福し、あなたを守られるように」（6・24）。主がモーセに与えた言葉、破れだらけの神の民を祝福するための言葉です。神の祝福は、時代を超え、世代を超えて私たちの信仰共同体に向けられているのです。

いよいよ約束の地が間近に
新しい地で守るべきルールが示される

5 申命記《しんめいき》

聞け、イスラエルよ。我らの神、主は唯一の主である。あなたは心を尽くし、魂を尽くし、力を尽くして、あなたの神、主を愛しなさい。（6・4〜5）

申命記はモーセ五書の第5の書です。この申命記でいわゆる「律法」が締めくくられます。

申命記は、他の4書（創世記・出エジプト記・レビ記・民数記）とは区別して説明される必要があります。

エジプトを脱出した神の民が荒れ野をさまよい、ついに約束の地カナンの手前までたどり着いたことが、申命記直前の民数記に記されています。目の前にあるヨルダン川を渡れば約束の地です。ところが、川を渡る物語は申命記ではなく、次のヨシュア記に記されます。申命記は旅路の続きを記すのではなく、ヨルダン川を渡る手前でモーセが神の民に語る説教なのです。

申命記の「申命」とは「申《かさ》ねて命じる」という意味です。約束の地に入る前に、モーセがもう一度、神の民に律法を告げるのです。そしてモーセ自身は約束の地に入ることなく生涯を終えます（34章）。申命記はいわばモーセの告別説教です。

申命記はとても入り組んだ内容の書です。大まかに捉えると、1～11章がシナイ山での契約締結の歴史的回顧と勧告、12章1節～26章15節が律法の朗読、26章16～19節が契約の義務付け、27～34章が祝福と呪い、という構造です。この中で、12章1節～26章19節が申命記法と呼ばれ、申命記全体の中核部分です。申命記は、書全体が一つの契約文書の形態を持つとも言われ、構造的にも内容的にも五書の中で別格の書です。

興味深いことに、申命記5章には十戒があります。これは出エジプト記20章の十戒とほとんど同じ内容です。シナイ山での契約における律法の言葉が再び確認されるのです。「申命記」と呼ばれるゆえんです。これから約束の地カナンで、イスラエルが聖なる民として生きるためにはどうしたらよいか。そのことをカナンに入る前にしっかりと確認する。そのために、申命記では律法を守るべきことが徹底して語られるのです。

申命記において、一貫している神学があります。それは主（ヤハウェ）は唯一であるという思想です。この神の唯一性が申命記では際立っています。これについて、皆さんもよく知っている言葉があります。

「聞け、イスラエルよ。我らの神、主は唯一の主である。あなたは心を尽くし、魂を尽くし、力を尽くして、あなたの神、主を愛しなさい」（6・4～5）。

これは「シェマー」（ヘブライ語で「聞け」の意味）と呼ばれ、律法の要諦として、旧約聖書全体を貫いていると言ってよい信仰告白です。主イエスもまたこの申命記の言葉を大事にし、旧約の中で最も大切な言葉だと言われました（マルコ12・29～30）。

イエス・キリストは律法ではなく愛を説いたのだから、キリスト者に旧約聖書は不要だと考える方があるかもしれません。しかし、決してそうではありません。申命記が一貫して語る「ただおひとりの主なる神を信じ、この神を愛すること」を、主イエス・キリストもまた守るべき第一の掟として弟子たちに教えているのです。

指導者はモーセからヨシュアについに約束の地へ

6 ヨシュア記《き》

ただし、わたしとわたしの家は主に仕えます。（24・15）

モーセ五書はそれ自体で完結していますが、ヨシュア記はそれに接続する書です。モーセの遺志を後継者ヨシュアが引き継ぎ、ついにヨルダン川を渡るのです。

「強く、雄々しくあれ」(1・6)と主から励まされ、ヨシュアは勇んで約束の地カナンに入り、破竹の勢いでこの地を占領します。契約の箱と角笛を携えた人々が町の周りを行進し、難攻不落のエリコの砦《とりで》を攻略する物語(6章)などが続きます。神がかつてアブラハムに「あなたの子孫にこの土地を与える」(創世記12・7)と約束されたことは、このヨシュア記で成就します。主の約束が成就し完結するという意味で、ヨシュア記はモーセ五書の完結編です。

ヨシュア記には、イスラエルが土地をどのように占領し、その土地をどのように分配したかが記されます。前半の1～12章がカナンの占領、後半の13～22章が土地の分配、最後の23～24章がヨシュアの活動総括と説教、というわかりやすい構造です。

具体的にたどってみましょう。前半は、エリコ探索のための斥候《せっこう》派遣(2章)、ヨルダン川渡渉(3～4章)、エリコの占領(6章)、アイの征服(7～8章)、ギブオンとの契約(9章)、南の諸王征服(10章)、北の諸王征服(11章)という土地征服の物語です。

そして後半は、イスラエル各部族への土地分配の記述です。部族ごとの占領地の境界線や取得した町の名前ばかりで、興味を削《そ》がれるかもしれません。しかしこの記述の目的は明らかです。主が約束どおりにカナンの土地をイスラエルの民に手渡し、イスラエルはそれを、きちんと平等に分配したという記録なのです。

「主がイスラエルの家に告げられた恵みの約束は何一つたがわず、すべて実現した」（21・45）と書かれています。ヨシュアはモーセの後継者として、モーセが果たせなかった、主から託された務めをきちんと遂行しました。

ヨシュア記の最後で、すべて

の務めを果たしたヨシュアはシケムで契約を結びます。彼はイスラエルの全部族を集め、主の前で誓いを立てます。そのときのヨシュアの有名な言葉があります。

「もし主に仕えたくないというならば、川の向こう側にいたあなたたちの先祖が仕えていた神々でも、あるいは今、あなたたちが住んでいる土地のアモリ人の神々でも、仕えたいと思うものを、今日、自分で選びなさい。ただし、わたしとわたしの家は主に仕えます」（24・15）。

約束の地はついにイスラエルのものとなりました。しかし、これですべてが完了したのではありません。この土地を与えてくださった主に対してどこまでも誠実であることが求められており、ヨシュアは自らその範を示したのです。

また「わたしとわたしの家」の語において、信仰の継承が言われています。信仰はただ単に個人の決断ではなく、連綿と受け継がれるべきものであることをヨシュアは強く教えています。

7 士師記《ししき》

王国誕生以前の不安定な時代
苦しむ民に神は繰り返し士師を遣わす

そのころ、イスラエルには王がなく、それぞれ自分の目に正しいとすることを行っていた。（21・25）

士師記は、イスラエルに中央集権的な政治体制ができる以前の物語です。士師は諸部族をたばねる軍事的、内政的な指導者であり、口語訳聖書では「さばきづかさ」と訳されていました。

先回取り上げたヨシュア記には、ヨシュアによってカナンの地が占領され、イスラエルの諸部族に分配されたことが記されていましたが、その後イスラエルには多くの個性的な士師たちが登場しました。ギデオンやデボラという士師たちの名前とそのエピソードを皆さんは読むことができます。中でも怪力サムソンは、デリラとのラブロマンス（16章）で有名です。ヨシュアによってカナンの地はすべて占領されたはずですが、実際には絶えず外敵から攻撃を受ける不安定な状況でした。しかも、イスラエルの民は主なる神に従うどころか、偶像の神々に膝を屈する不信仰に陥りました（2・10～14）。民は外敵の侵入によって苦境に立たされ、苦しみあえぎます。そのたびに主は解放者として士師を遣わし、民を苦境から救い出しました。「主は士師たちを立てて、彼らを略奪者の手から救い出された」（同16節）。まだイスラエルに王国が成立せず、諸部族の連合体という形であった時代に、士師たちによってイスラエルは危機を脱したのです。

オトニエル（3章）、エフド（3章）、デボラとバラク（4～5章）、ギデオン（6～8章）、エフタ（11～12章）、サムソン（13～16章）など個性豊かで勇敢な士師たちの物語が繰り広げられます。彼らは、そのつど英雄的な行動によってイスラエルに平和と安寧をもたらしました。

注目すべきことに、それぞれの士師の出現をめぐっては同じ歴史のパターンが繰り返されます。それは、民の背信、神による裁き、民の苦境、士師の派遣、士師による安定、（士師の死後の）民の背信、というパターンです。目も当てられない堂々めぐりです。それぞれの士師が生きている間はイスラエルは安定を保つのですが、それはつかの間で、士師が生涯を終えると、民はまたしても神に背き苦境に立たされます。いかにこの時代が不安定であったかがわかります。

神が士師を遣わしてくださったにもかかわらず、民は偶像を慕いました。士師物語（3～16章）のあと19章以下には、ベニヤミン族の蛮行というおぞましい罪の物語が記されます。士師記が書き記すイスラエルの歴史はまさしく負のスパイラルです。この士師記の最後を締めくくるのは、「そのころ、イスラエルには王がなく、それぞれ自分の目に正しいとすることを行っていた」（21・25）という言葉です。

士師記において人間の底なしの罪の現実が突き付けられます。にもかかわらず、この罪の現実は、やがて真の王である「油注がれた者」（ヘブライ語でメシア、ギリシャ語でキリスト）が神によって遣わされることをほのめかしています。

聖書はこの後、ルツ記、サムエル記と続き、イスラエルにダビデ王が誕生します。それでもなお罪の歴史は継続しますが、やがてイエス・キリストの誕生に至ります。私たちは今もこの真の王と共に生きているのです。

神の選びの外にあると思われていた
外国人女性がダビデの曾祖母に

8 ルツ記《き》

主をたたえよ。主はあなたを見捨てることなく、家を絶やさぬ責任のある人を今日お与えくださいました。（4・14）

ルツ記は一気に読んでしまえる短い物語です。ミレーの有名な絵「落ち穂拾い」は、このルツ記に基づいています。なぜルツ記が士師記の後に置かれるかというと、この書の冒頭に、士師の時代の物語として説明されているからです（1・1）。書名はルツ記ですが、この書全体では、むしろベツレヘム出身のイスラエル人女性、ナオミが主人公で

す。彼女が、死海東方モアブの女性ルツによって助けられ、恵みを受け、ダビデの誕生を準備するという物語として、ルツ記は書かれています。

物語はとてもドラマチックです。

ベツレヘム出身のエリメレクと妻のナオミが、2人の息子たちを連れて、一家で隣国モアブに移住するところから始まります。飢饉《ききん》を逃れ幸せを願っての移住でしたが、ナオミは頼みの夫エリメレクを失い、さらに2人の息子たちを次々に失います。

すべてを失ったナオミは、ベツレヘムに帰郷することにします。このナオミと一緒に、息子の妻であるルツが、故郷モアブを離れてベツレヘムに向かうのです（1章）。

ベツレヘムで2人は生活苦に陥りました。家計を助けるためにルツが落ち穂拾いをしていたところ、思いがけず彼女に厚意を示したのがエリメレクの一族のボアズでした（2章）。ルツは麦打ち場でボアズに思いを打ち明けます（3章）。このボアズがルツを妻にめとり、さらにナオミが手放そうとしていた土地を買い取るのです。ナオミはルツのおかげで後継ぎをもち腕に抱くことができました（4章）。

ルツ記は、幸せを失ったナオミとルツという女性たちを神は見捨てず、不思議な仕方で守り導いたという救済の物語です。しかし、それだけではありません。驚くべきことに、神の選びから除外されたはずの外国人の女性ルツによって、ダビデ王の系譜が定まるのです。ルツとボアズとの間に生まれた子がオベドであり、オベドがダビデの祖父となりました（4・17）。そのことは新約聖書冒頭の主イエスの系図でも証言されています（マタイ1・5〜6）。

ルツ記で際立つテーマは「贖《あがな》い」です。贖いという言葉の元々の意味は、土地や奴隷を買い戻すことです。

物語の最後で、町の女たちがナオミに言います。「主をたたえよ。主はあなたを見捨てることなく、家を絶やさぬ責任のある人を今日お与えくださいました」（4・14）。「家を絶やさぬ責任のある人」の原語を直訳すれば「贖う者」です。ナオミにボアズという「贖う者」が与えられたのです。

この「贖う者」が現れるという希望が旧約聖書の贖罪《しょくざい》思想に見られます（ヨブ記19・25、イザヤ書41・14ほか多数）。この希望は新約へと受け継がれ、「ただキリスト・イエスによる贖いの業《わざ》を通して、神の恵みにより無償で義とされるのです」（ローマ3・24）という十字架理解に結実しました。ルツ記は「贖う者」の到来を証しする書なのです。

9-10

神に選ばれた王ダビデ
その表も裏も描く大河小説

サムエル記《き》上、下

あなたの家、あなたの王国は、あなたの行く手にとこしえに続き、あなたの王座はとこしえに堅く据えられる。（下7・16）

旧約聖書を通読している皆さんにとって、サムエル記と列王記は試練かもしれません。先月取り上げた士師記は21章、ルツ記はたった4章でしたが、今回のサムエル記は上下で55章、列王記も上下で47章。日本語聖書では200ページほどなので、気合を入れて読みましょう。

サムエル記と列王記は、イスラエル民族の歴史の中で統一王国が成立して繁栄し、やがて南北に分裂して、ついには滅んでいくという、王国の栄光と破局の歴史をつぶさに記述します。

まずサムエル記です。サムエル記は上下に分かれます。士師時代が終わって、イスラエルに統一王国が誕生する歴史を記します。サムエル記上はその前半。預言者サムエルがサウルに油を注いで王としましたが、サウルは失脚への道をたどり、代わってエッサイの末息子ダビデが舞台に登場します。続くサムエル記下は、ダビデがついに王となって統一王国を築き、最期に人生を回顧するところまで記されます。

主人公をたどると、サムエル（上1〜7章）→サウル（上8〜15章）→ダビデ（上16〜下24章）という3人の生涯を描きながら、王国誕生の歴史が展開していきます。「サムエル記」という書名ですが、物語の中心はサムエルではなくダビデです。

サムエル記では、とりわけダビデ王の輝かしい栄光と人間的破れがドラマチックに描かれます。羊飼いの少年ダビデが突然、サムエルによって選ばれ、王となるため油を注がれました（上16章）。しかし、すでに国を治めていたサウル王に活躍をねたまれ、命を狙われます。命からがら逃亡する月日を経て、ダビデはついに全イスラエルを支配する王となるのです（下5章）。

神に愛され、全力でそれに応える神の人ダビデでしたが、王位に就くと、部下ウリヤの妻バト・シェバを奪うため、ウリヤを戦場で戦死させるという大罪を犯します（下11章）。晩年には息子アブサロムに背かれて王位を追われる身となり、アブサロムを失う悲嘆をも経験しました（下18〜19章）。サムエル記は、人間ダビデの表も裏も描くいわば大河小説です。

サムエル記において、ダビデの選びは特筆すべきものです。しかしダビデひとりが、王として神に選ばれたのではありません。これは王座としてのダビデ家の選びでもありました。ダビデについてこう預言されます。「あなたの家、あなたの王国は、あなたの行く手にとこしえに続き、あなたの王座はとこしえに堅く据えられる」（下7・16）。

これはとても不思議な約束です。というのも、ダビデの王国はやがて滅亡するからです。次の列王記が記すとおり、王国は滅亡し、ダビデの王座は消滅しました。にもかかわらず、ダビデの王座はとこしえに続くと預言されます。

この預言は「ダビデの子」がやがて救い主として到来するというメシア信仰として継承されていくのです（マタイ22・42、ルカ1・69〜70）。新約聖書において、主イエスが「ダビデの子」として熱狂的に迎えられたのは、この旧約の預言が背景にあるからです（マタイ21・9）。

ソロモンの栄華から、王国分裂、滅亡へ
しかし破局の先の希望も示されている

11-12
列王記《れつおうき》上、下

捕虜にされている敵地で、心を尽くし、魂を尽くしてあなたに立ち帰り、……御名のためにわたしが建てた神殿の方に向かってあなたに祈るなら、（上８・48）

列王記は、サムエル記と同様に上下に分かれ、サムエル記と連続する歴史物語です。

列王記上は、ダビデの王位を継承したソロモンの時代と、その後の王国分裂、さらに分裂王国時代について記します。「ソロモンの栄華」と呼ばれるつかの間の繁栄の時を経て（１～11章）、次のレハブアム王の時代に王国は、南のユダ王国と北のイスラエル王国に分裂しました（12章）。北王国では、初代のヤロブアム王以降、異教的礼拝がはびこり、また王位の簒《さん》奪《だつ》が繰り返されます。その中で、預言者エリヤが登場し、カルメル山でバアルの預言者たち

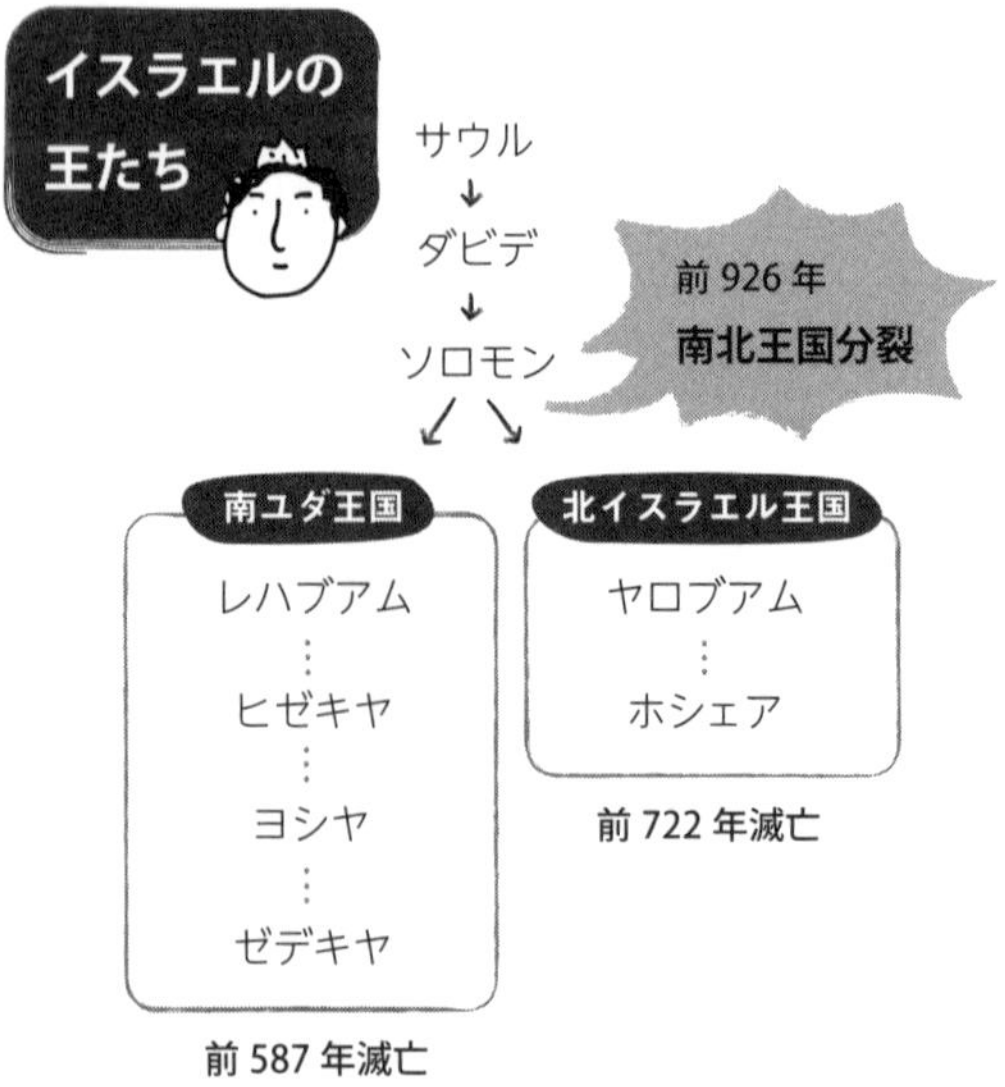

と1人で闘う物語が列王記上のクライマックスです（18章）。

列王記下は、エリヤの最期と後継者エリシャの物語（1～8章）から始まり、南北両王国の滅亡までの激動の歴史を記します。

その際、特に王たちの業績が描かれます。北王国ではカリスマ的な力を持つ者が王座を奪い合う歴史が続きました。列王記において北王国の王たちへの評価はいずれも否定的です。そしてとうとう前722年、大国アッシリアによって都サマリアが陥落し、北王国は滅ぼされてしまうのです（17章）。

他方南王国ではダビデの血筋の者が王位を継承します。南王国の王は肯定的に評価されます。特に、ヒゼキヤ王（18～20章）とヨシヤ王（22～23章）については格別の賛辞が送られます。しかしさしもの南王国も、ついに前587年、台頭してきた大国バビロニアによって都エルサレムが包囲され、滅亡しました（25章）。神の民が神に背き、神の律法を守らなかったからです。契約を破れば呪いが臨む（申命記28・15）という神の裁きが現実となったのです。

ダビデとソロモンによって築かれたイスラエル統一王国でしたが、その後に分裂した2つの王国は破局に至り、捕囚の時代となります。しかしこの王国滅亡のはるか以前に、破局を乗り越えていく預言的な希望の言葉をソロモンが祈りにおいて語っていました。

「捕虜にされている敵地で、心を尽くし、魂を尽くしてあなたに立ち帰り、あなたが先祖にお与えになった地、あなたがお選びになった都、御名のためにわたしが建てた神殿の方に向かってあなたに祈るなら、あなたはお住まいである天にいましてその祈りと願いに耳を傾け、裁きを行ってください」（上8・48～49）

列王記は王国滅亡の破局で締めくくられ、そこにまったく希望はないかに思われます。けれども、神の民に対して神はあらかじめ慈しみを示しておられました。民が神に立ち帰ることによって破局から復興できることが、ソロモンの祈りにおいてほのかに予告されているのです。「裁きを行う」とは「その訴えに神が答える」という意味です（49節、聖書協会共同訳参照）。破局は決して終わりではありません。その向こうにある希望の光を聖書の言葉は指し示しています。

13-14

理想化されたイスラエル史を記す
もうひとつの歴史記述

歴代誌《れきだいし》上、下

あなたたちの中で主の民に属する者はだれでも、上って行くがよい。神なる主がその者と共にいてくださるように。（下36・23）

創世記から聖書通読を始めた皆さんは、歴代誌上下、エズラ記、ネヘミヤ記を読むと、ちょうど旧約聖書の半分に達することになります。続けて聖書を通読するおもしろさを味わいましょう。

列王記上下と歴代誌上下は、いずれもイスラエルの歴史を扱っていますが、混同してはいけません。列王記はサムエル記と連続しており、王国の成立直前から滅亡までの歴史を記しています。さかのぼると、ヨシュア記、士師記、サムエル記、列王記はひとつながりの歴史記述です（この場合、ルツ記を省きます）。

さらにその前には、創世記から申命記までの五書があります。そうすると、創世記から列王記まで連綿と続く壮大な歴史記述だということがわかります。

しかし今回の歴代誌上下は、その一連の歴史とは異なるもうひとつの歴史記述です。というのも歴代誌上は、最初の人間アダムの系図から始まるからです。

歴代誌は上と下に分かれます。歴代誌上は、アダムからイスラエル十二部族の系図（1～9章）とダビデについて（10～29章）記し、とりわけダビデの業績を称賛します。

歴代誌下はその続きで、ソロモンによる神殿完成とその他の業績（1～9章）、さらに王国分裂から王国滅亡に至る南王国の歴代の王たちの業績（10～36章）を記します。ただし北王国の歴代の王たちについてはことごとく無視されます。

歴代誌とサムエル記・列王記の歴史記述の違いがもっとも明らかになるのは、ダビデとソロモンの描き方においてです。例えばサムエル記下11章は、部下の妻を奪い取ったダビデの罪を記し、また列王記上11章には、ソロモンの背信も記されます。

他方、歴代誌にはダビデの人間的な破れ、ソロモンの王としての失態の記述は一切ありません。ダビデは神殿建設の準備を整えたことがたたえられ、ソロモンは神殿建設を実現したことがたたえられます。ふたりとも偉大な王として絶賛されるのです。サムエル記・列王記が現実の歴史を重んじるのに対し、歴代誌は理想化された歴史を描いているとも言えます。

歴代誌の最終章（下36章）は列王記の最後（下25章）と同様に、南王国（ユダ王国）の滅亡と捕囚の悲惨な出来事で締めくくられます。けれども歴代誌には、列王記にない記述があります。それはペルシアのキュロス王による勅令です（36・23）。「この主がユダのエルサレムに御自分の神殿を建てることをわたしに命じられた。あなたたちの中で主の民に属する者はだれでも、上って行くがよい。神なる主がその者と共にいてくださるように」。

ユダ王国の滅亡と捕囚によってイスラエルの民はすべてを失い、世界史から姿を消したかに見えます。けれども半世紀後、ペルシア王が捕囚の民を解放し、それどころかエルサレム神殿の再建を約束するのです。このキュロスの勅令で歴代誌は締めくくられます。神の民イスラエルをどん底から起き上がらせ、約束の地に連れ戻し、神殿を再建させる神は生きて働いておられる。その確かな希望を歴代誌は語っています。

15-16

捕囚地から帰還した民が神殿と城壁を再建

エズラ記《き》・ネヘミヤ記《き》

昔の神殿を見たことのある多くの年取った祭司、レビ人、家長たちは、この神殿の基礎が据えられるのを見て大声をあげて泣き、また多くの者が喜びの叫び声をあげた。

（エズラ記３・12）

エズラ記とネヘミヤ記は、歴代誌とつながる歴史の記述です。エズラ記とネヘミヤ記は本来ひとつの書で、まとめてエズラ記と題されていました（15世紀のヘブライ語聖書で、初めて2書に区分されました）。

歴代誌では、ダビデとソロモンが神殿を建てたことが称賛されたにもかかわらず、その神殿はユダ王国の滅亡とともに崩壊したことが記されました。けれども捕囚期を経てバビロンから帰還したイスラエルの民が、ついに悲願の神殿再建を果たしたのです。この神殿を基盤として捕囚後の共同体が誕生しました。その奇跡的復興を証言するのが、エズラ記とネヘミヤ記です。

エズラ記は、神殿の再建（1〜6章）と書記官エズラの帰還（7〜10章）について記します。歴代誌下の最後と同様に、エズラ記の冒頭にもペルシア王キュロスによる勅令が記され、それを受けて捕囚の民が帰還します。彼らは神殿の再建に着手し、6章でついに神殿再建が果たされました。

続く7章で、祭司でもある書記官エズラがペルシア帝国から派遣されて、エルサレムに帰還。彼はただちに、祭儀共同体の再興に取りかかりました。このエズラが捕囚後の共同体の立役者になるのです。

ネヘミヤ記は、献酌官ネヘミヤの派遣と城壁の修復（1～7章）、律法の朗読（8～10章）、エルサレム住民の一覧と城壁の奉献（11～13章）について記します。

ペルシア王宮の献酌官であったネヘミヤは故郷エルサレムの荒廃を嘆き、アルタクセルクセス王に城壁修復を願い出て、それを果たすために派遣されます（2章）。帰還したネヘミヤは、この事業を見事にやり遂げました（7章）。

そして皆で礼拝をささげます。エズラが律法を朗読し、イスラエルの

民は律法に従うという応答をしました（8・6）。ここに捕囚後の祭儀共同体が成立したのです。

エズラ記とネヘミヤ記、この2つの書には、王国滅亡と捕囚という破局を経験したイスラエルの民が、どん底から起き上がっていく姿が描き出されています。

神殿は神を礼拝する唯一の場所、イスラエルの民にとって命の源でした。その神殿を奪われたのはイスラエルの背信のゆえにほかなりません。けれども、神の憐れみによって神殿は再建されました。神はイスラエルの民を決して見捨てなかったのです。

再建に向けて神殿の基礎が据えられたときの人々の喜びが、エズラ記に生き生きと記されています。「昔の神殿を見たことのある多くの年取った祭司、レビ人、家長たちは、この神殿の基礎が据えられるのを見て大声をあげて泣き、また多くの者が喜びの叫び声をあげた」（エズラ記3・12）。

旧約の民はどん底から立ち上がりました。この捕囚後のイスラエルの共同体から、やがて教会が生まれます。教会に対する熱い信仰を旧約の民から受け継ぎましょう。

「神」という言葉を使用せずに人を召し、歴史を動かす神を示す

17 エステル記《き》

この時のためにこそ、あなたは王妃の位にまで達したのではないか。（4・14）

旧約聖書は大きく分けて歴史書（創世記～エステル記）、詩文書（ヨブ記～雅歌）、預言書（イザヤ書～マラキ書）の3つに区分できます。これを神による救済史に重ねて、過去→現在→未来という流れで文書が配列されていると捉えることもできます。

過去を扱う「歴史書」の最後に置かれるのがエステル記です。主人公はペルシア王妃エステル。ペルシア帝国の支配下でユダヤ人がひどい迫害を受け、滅亡寸前になったとき、エステルが捨て身でペルシア王に嘆願し、ユダヤ人を救済する英雄物語です。

エステルというユダヤ人女性が、クセルクセスの王妃であったとの正式な記録は残っていません。しかしペルシア支配下で勇敢にも一人の女性が立ち上がってユダヤ人の危機を救ったという物語は、歴史小説を読むわくわく感があり、その展開の妙は旧約聖書の中で際立っています。

ペルシア王クセルクセスが王妃にふさわしい女性を探し求め、見いだされたのが宮廷の役人モルデカイのいとこエステルでした（2章）。ところが宮廷では大臣ハマンが、モルデカイの同胞であるユダヤ人の抹殺を企て、それを遂行する勅書にクセルクセス王の名が書き記されてしまいます（3章）。

このとき、モルデカイはユダヤ人救済の最後の切り札である王妃エステルを説得し、エステルは立ち上がる決意をしたのです（4章）。エステルの行動によって、ハマンは失脚しました（5～7章）。迫害は取り消されユダヤ人による復讐が始まり、これがプリムの祭りの起源となります（8～9章）。

エステル記の舞台は紀元前5世紀。捕囚期が終わり、捕囚地のユダヤ人は祖国イスラエルに帰国する者と、その地にとどまる者に分かれました。ここに出てくるのは後者です。ペルシア帝国内に散在していたユダヤ人共同体に、エステルもモルデカイも属していました。

エステル記で最も感動するのは、モルデカイの必死の説得にエステルが応えるところです。エステルが王に嘆願することをモルデカイは求めたのですが、召し出されずに王に近づく者は死刑に処せられると定められていたのです（4・11）。

及び腰になるエステルに、モルデカイは言いました。「この時のためにこそ、あなたは王妃の位にまで達したのではないか」（4・14）。このモルデカイの言葉が、躊躇《ちゅうちょ》するエステルを動かします。エステルは「このために死ななければならないのでしたら、死ぬ覚悟でおります」と答えました（同16節）。自分はいったい何のために王妃になったのか、それは神の計画であり、すべての意味が今この時のためにあるとエステルは悟ったのです。

エステル記には「神」の名は一度も出てきません。いわば神なき時代にどう行動すべきかをこの書は伝えるのです。私たちが生きる現在も、神の見えにくい時代です。その中で、神の計画に生かされていることを信じて決断する大切さを教えられます。

神を畏れる潔白な人ヨブ
不条理の苦難をいかに歩んだか

18 ヨブ記《き》

わたしは知っている　わたしを贖《あがな》う方は生きておられ　ついには塵の上に立たれるであろう。（19・25）

ヨブ記は旧約聖書の中で最も難解な書のひとつです。42章から成るこの壮大な詩文書に挑戦しましょう。

難解なヨブ記ですが構成は整っています。最初の物語と最後の物語が枠組みとなっています。ヨブ記冒頭の枠物語（1～2章）は、天における神の会議にサタンが現れ、ヨブに災いをくだすと決定されたことを記します。結末の枠物語（42・7以下）はヨブの執《と》り成《な》しとヨブの境遇の回復を記します。

その間にある3章1節から42章6節までは、壮大な詩文で記されています。この部分も構造的にはきちんとした形があります。3章のヨブの独白は29～31章のヨブの独白と対応し、詩文前半の枠組みとなっています。その間で、ヨブと3人の友人（エリファズ、ビルダド、ツォファル）が交互に対論を繰り返します。3回にわたる議論はとうとう決着がつかず、議論は尻切れとんぼのように終わります。

詩文後半では、32～37章が第4の友人エリフの弁論です。そのあと、38章で突然、嵐の中に神が現臨し、ヨブに自然世界の不思議を語ります。ヨブはそれを聞いてついに神の前にくずおれ、自らを悔いるのです（42・1～6）。

ヨブ記は説明がつかない書です。東の国で最も栄え、神の御前に無垢《むく》であったヨブが突然、次から次に耐え難い災いに遭うのです。天上における神とサタンの決定は、ヨブには決して明らかにされません。

苦しみもがくヨブに対して、友人たちは助けるどころか、ヨブを糾弾しました。旧約の律法によれば、神の災いを受けるのは神に背いた人間だけであるはずだからです。これに基づけば、ヨブの受けた災いは、ヨブの不義を証言していることになります。

しかしヨブは、自らの潔白を主張し続けました。

38章で神がヨブに現れ、懇々と語りますが、それは自然世界の不思議議ばかりで、ヨブが受けた不条理に対する答えではありません。にもかかわらず、ヨブはその神の前に屈するのです。そして最終的に、神はヨブが語ったことは正しかったとし、ヨブに幸いが戻りました。

それにしても、なぜ神はこのようになさったのでしょうか。その理由は知り得ないゆえに、人は自分で答えを出すほかないのです。ヨブ記には、神のなさる業《わざ》の前に私たちはひれ伏すしかないという意味が隠されています（28・27〜28）。

　このヨブが、苦しみの中で神に向かって叫ぶ言葉があります。

「わたしは知っている　わたしを贖《あがな》う方は生きておられ　ついには塵の上に立たれるであろう」（19・25）。

沈黙する神に絶望し、絞り出すようにヨブが語った言葉です。自分と神との間に立って執《と》り成《な》しをしてくださるお方が、やがて到来するという信仰告白です。悲痛な絶望の叫びと言ってよいかもしれません。

　それは、しばしば私たちの叫びでもあります。神の愛や正義を信じつつも、自分の現実があまりにかけ離れていると感じるとき、「何が私と神をつないでくれるのか」と嘆かざるを得ません。そのとき、このヨブの言葉を思い出したいのです。ヨブが指差すのは、苦しむ私たちを神に執《と》り成《な》す救い主イエス・キリストです。

賛美も嘆きも復讐も歌う
共同体の礼拝の書、個人の祈りの書

19 詩編《しへん》

賛歌。ダビデの詩。主は羊飼い、わたしには何も欠けることがない。（23・1）

詩編は150ページに及ぶ旧約聖書の中で最も長い詩文書です。読み通すのは一苦労ですが、個人の祈りの言葉として親しんでいる人もいるでしょう。礼拝において交読文として用いている教会もあります。

全部で150ある詩には賛美や祈りのほか、嘆きや復讐を主題とするものも含まれ、詩人たちの感情があふれています。種々雑多な詩が集められているようですが、全体はきちんと5巻（1～41編、42～72編、73～89編、90～106編、107～150編）に分かれています。各巻の区切りとして、

41編、72編、89編、106編の最後に「アーメン」という頌栄の言葉が置かれています。150編は詩編全体の最後でもあり、そのおしまいはまるでハレルヤコーラスのようになっています。

詩編は、長い年月をかけて編纂《へんさん》され、バビロン捕囚の後に信仰共同体の礼拝の書、また祈りの書として成立したと考えられています。137編には、「バビロンの流れのほとりに座りシオンを思って、わたしたちは泣いた」（1節）という捕囚時代を生きた人たちの深い嘆きが記されています。

詩の最初に表題が記されている場合があります。第1巻と第2巻には「ダビデの詩」という表題を持つ詩がたくさんあります（3～41編、51～72編）。例えば、51編の表題はバト・シェバとの出来事に触れています。そのように、ダビデの生涯を想起して読むように編まれたイスラエル共同体の詩編が「ダビデの詩」です。しかしそのすべてが実際にダビデによって記されたとは考えられません。

そのほかにも、神殿の楽隊「コラの子」の詩（42～49編ほか）、同じく神殿の楽隊「アサフ」の詩（50、73～83編）、「都に上る歌」（120～134編）などの表題があります。

表題による分類のほか、各詩が扱うテーマなどによって、賛歌、民族の嘆きの歌、王の詩編、個人の嘆きの歌、個人の感謝の歌、知恵の詩編などのグループに分けることもできます。最も数が多いのは個人の嘆きの歌です。そのひとつ22編の冒頭「わたしの神よ、わたしの神よ　なぜわたしをお見捨てになるのか」（2節）は、主イエスの十字架上の叫びになりました。王の詩編のひとつ2編は王であるメシアの姿を浮き彫りにし、7節「お前はわたしの子」は主の受洗の場面（マタイ3・17ほか）に引用されています。

詩編の中で最も親しまれているのは23編です。ダビデに重ねられる詩人が「主は羊飼い、わたしには何も欠けることがない」（1節）と、自らを羊にたとえ、また導いてくださる主を羊飼いにたとえています。主イエスが「わたしは良い羊飼いである」（ヨハネ10・11）と語ったとき、この詩編23編が覚えられていたに違いありません。

詩人は人生を振り返り、主が私を導いてくださったゆえに、すべてが恵みに満たされたと告白し、「主の家」での礼拝への思いで締めくくります。

詩編全体が一貫して証しするように、主に信頼する者は祝福され、礼拝は人生のよりどころなのです。

人生を生きる具体的な処方箋
主を畏れ、主に信頼して生きよ

20 箴言《しんげん》

主を畏れることは知恵の初め。
（1・7）

「箴言」と訳された原語は格言集という意味です。この世で人生の荒波をどう乗り切るか、その具体的な処方を教えてくれる知恵の書です。31章ありますので、毎日読むとちょうど1か月で読み通せます。

箴言の1章1節、10章1節、25章1節に「ソロモンの箴言」という表題がある（10・1の「格言集」は「箴言」と同じ原語）ので、ソロモンの作として受け取られてきました。しかし箴言の格言が、すべてソロモンに直接由来するとは考えられません。旧約聖書における知恵の権化であるソロモンの名の権威によって、この書が書かれたのです。

詩編同様、箴言も長い編纂《へんさん》の時を経て、捕囚後に成立したと考えられます。箴言1〜7章は教育的勧告で、「わが子よ」という呼びかけで始まる「父親の諭《さと》し」が記されています。また8章には「知恵の勧め」が記され、いずれも共同体における知恵の思想的深まりを示しています。ほとんどの格言が対句形式で書かれ、義人と悪人、神に忠実な人と神に背を向ける人というように、二元的な対立関係で表現されます。それによって、この世界で生きる知恵が語られるのです。

また箴言には因果応報的な世界観があります。つまり、行為にはそれに見合った結果が生じるという秩序認識です。例えば、「善人は主に喜び迎えられる。悪だくみをする者は罪ありとされる」（12・2）という格言がその典型です。この言葉のように箴言には、イスラエルを超えた世界に共通する普遍的な知恵を見いだすことができます。例えば、22章17節から24章22節の「賢人の言葉」はエジプト文学に由来するとされます。

ただし箴言の知恵は、単なる処世術を教えているのではありません。ここには人間の知恵の限界を知り、神に頼るというイスラエル固有の信仰理解があるのです。「戦いの日のために馬が備えられるが　救いは主による」（21・31）がそうです。人間の知恵を尽くして戦いに備えても、救いは主によるという信仰です。

よく知られている「心を尽くして主に信頼し、自分の分別には頼らず　常に主を覚えてあなたの道を歩け」（3・5〜6）という格言にも、神を信じ、神に頼って生きよと勧める旧約独自の知恵が表れています。

箴言はヨブ記、コヘレトの言葉、詩編の一部と共に知恵文学に属します。その箴言において最もよく知られている言葉は、「主を畏れることは知恵の初め」（1・7）です。これは箴言全体を要約する言葉であると同時に、旧約聖書の知恵の本質を説明する言葉でもあります。

知恵は世界の法則と秩序を探究する、人間知性の営みです。けれども、知恵によってすべてが解決するのではありません。人間の知恵には限界があります。知恵の限界性を謙虚に認めて、神の前にひれ伏し、礼拝する。そ

のように神を畏れることこそが知恵の初めだと、箴言は教えるのです。
人間の知恵に限界があるということは、現在、地球という生態系の破局的状況を考えれば自ずとわかることです。核兵器と核廃棄物処理問題も然《しか》りです。「主を畏れることは知恵の初め」とは今日、私たちの信仰告白と言うべきではないでしょうか。

21 コヘレトの言葉《ことば》

死すべき者として人生の短さを見つめ 残された時間を大切に生きよ

何事にも時があり　天の下の出来事にはすべて定められた時がある。
（3・1）

「コヘレトの言葉」と聞いて、そんな書が聖書にあったかな、と訝《いぶか》る人がいるかもしれません。一般にはちょっとなじみがない書ですが、口語訳聖書では「伝道の書」と呼ばれていたと聞けば、思い出す人がいるでしょう。「コヘレト」とは集会の指導者という意味で、そのように呼ばれる一人の知者が書きました。箴言やヨブ記と共に旧約聖書の知恵文学に属します。

この書は「なんという空しさ、すべては空しい」から始まります（1・2）。おしまいにも同じ言葉が繰り返されます（12・8）。さらにこの書では、死ぬことについて何度も繰り返され、12章で人間の死に行く姿を見つめて終わります（3〜7節）。コヘレトを暗い厭世《えんせい》主義者だと考える人もいるでしょう。何度読んでも内容がよくつかめない難しさがあります。しかし、「ひとりよりもふたりが良い」（4・9）といった句もあり、不思議に惹《ひ》かれるものがあります。

コヘレトという人はソロモンと同一人物として読まれることがあります。旧約でソロモンは知恵の権化ですが、ソロモンが実際に書いたのではありません。「ダビデの子」（1・1）、また「イスラエルの王」（同12節）という自己紹介によって、まるでソロモン王が書いたかのようにコヘレトは自らを装っているのです。

いったいどんな意図でこの書は書かれたのでしょうか。知者コヘレトは、伝統的な知恵が通用しなくなった時代に、新しい知恵を模索していると説明することができます。例えば、9章11節では「知恵があるといってもパンにありつくのでも……ない」という現実が吐露されています。見通せない世界で、どう生きるかをコヘレトは考えているようです。けれどもそれだけでは説明がつきません。この書では、「空しい」と訳されるヘブライ語「ヘベル」が38回も繰り返されます。9章9節の「空しい」は人生の短さを意味します。この「ヘベル」がそういう意味だとすると、コヘレトは死すべき人間として人生の短さを見つめ、残された時間を神の賜物と受け取って生きようとしているのではないか、そのように読むことができるでしょう。

厭世観がにじみ出るこの書に、「何事にも時があり　天の下の出来事にはすべて定められた時がある」（3・1）と記されています。この書で最もよく知られた句です。

コヘレトが語る「時」は、刻一刻と流れていく、時計で計れる時ではなく、神から与えられる決定的な時です。主イエスも「時は満ち、神の国は近づいた。悔い改めて福音を信じなさい」（マルコ1・15）と、この決定的な時について告げました。

人生は限られています。死を前にした人生においては、時は神の賜物と言うほかありません。「神はすべてを時宜《じぎ》にかなうように造り、また、永遠を思う心を人に与えられる。それでもなお、神のなさる業《わざ》を始めから終りまで見極めることは許されていない」（3・11）。今この時を大切にするよう、神は私たちに求めているのです。

22 雅《が》歌《か》

男女の官能的な愛の歌に
神の激しくとめどない愛を聴き取る

大水も愛を消すことはできない　洪水もそれを押し流すことはできない。
（8・7）

皆さんは雅歌に親しんでいるでしょうか。ヘブライ語の書名は「歌の中の歌」、つまり至高の歌という意味です。1章1節に「ソロモンの雅歌」という表題があり、ソロモンに由来するとされる詩文の書です。

雅歌は官能的な表現から始まります。「どうかあの方が、その口のくちづけをもって　わたしにくちづけしてくださるように」（1・2）。このような言葉で始まる雅歌は、最後まで、男女の愛を繰り返しうたい、たたえ続けます。

雅歌をどう解釈するかは、簡単な問題ではありません。というのも、雅歌には一度も神の名が出てこないのです。愛し合う若者とおとめが中心で、その相互の愛の言葉が書き記されますが、神が登場しないゆえに、雅歌は単なる恋愛歌集だと説明されることがあります。実際、エジプトや古代オリエント世界には、このような恋愛歌集がたくさんありました。雅歌にはエジプトのファラオも出てきますので（1・9）、古代世界の恋愛歌集が聖書に収められたと理解することも可能です。

けれども、雅歌にはソロモン王の名がしばしば登場し、ダビデも出てきて（4・4）、さらに「エルサレムのおとめたちよ」という言葉も繰り返されます（2・7、3・5、8・4）。このような言葉遣いから、雅歌はやはりイスラエルの伝統にさかのぼる歌として読むべきだと、私は考えています。

若者とおとめが愛の言葉を語り合う雅歌ですが、教会は古くからこれを比喩と捉え、若者をキリストに、おとめを教会に重ねて読んできました。

聖書を字義どおりに解釈することが重んじられる現在では、このような比喩的な読み方は、少なくとも専門家の間では下火になっています。しかし私は、古来からの読み方が、なお意味を持つと考えています。

旧約聖書ではしばしば、神とイスラエルの契約関係が、婚姻関係として表現されます。例えばホセア書では、神がイスラエルに対して、「わたしはあなたとまことの契《ちぎ》りを結ぶ。あなたは主を知るようになる」（2・22）と語ります。このイスラエルに固有な伝統が、雅歌にも用いられていると読むことが可能です。

雅歌は愛の秘義を語ります。「大水も愛を消すことはできない　洪水もそれを押し流すことはできない」（8・7）。これは、単なる男女の愛を語っているのではなく、神がイスラエルに対してとめどなく激しい愛を注いでいることを示唆します。

神はイスラエルの民をエジプトから救い出しました。イスラエルも神に愛された者として、神を愛します。このような神と民の相互の愛が、雅歌において一貫して比喩的に表現されているのではないでしょうか。

新約聖書でも、結婚における愛をキリストと教会の関係に重ねて解釈しています。「夫たちよ、キリストが教会を愛し、教会のために御自分をお与えになったように、妻を愛しなさい」(エフェソ5・25)。このように説く根底に雅歌があるのです。私たちも雅歌を通して神の尽きぬ愛を受け取り、それを行う者となりたいと願います。

両王国滅亡、捕囚、そして神殿再建へ
世代をまたいで語られた壮大な預言

23 イザヤ書《しょ》

わたしの僕《しもべ》は、多くの人が正しい者とされるために　彼らの罪を自ら負った。（53・11）

旧約聖書を通読して、預言書までたどり着きました。このイザヤ書は、続くエレミヤ書とエゼキエル書と共に三大預言書と呼ばれます。じっくり読んでいきましょう。

イザヤ書は66章から成る壮大な預言書です。きちんと理解するには、まずこの書が3つに分かれることを知っておかなければなりません。第1部（第1イザヤ）が1～39章、第2部（第2イザヤ）が40～55章、第3部（第3イザヤ）が56～66章です。

このように区分できるのは、背景になっている時代が異なるためです。第1イザヤは紀元前8世紀、イスラエル王国〈北王国〉が滅亡する前後の時代です。預言者イザヤと言えば、通常第1イザヤを指します。

第2イザヤは預言者イザヤの時代から約200年後の紀元前6世紀後半、捕囚時代の末期です。さらに第3イザヤは捕囚解放から神殿再建にかけて、紀元前6世紀末です。第2、第3イザヤは共に、イザヤの預言を継承する無名の預言者であって、イザヤとは名乗っていません。

イザヤ書6章には、前736年に預言者イザヤが召命を受けたことが記されています。第1イザヤはユダ王国〈南王国〉のエルサレムで預言をしました。彼の預言でよく知られているのは、インマヌエル預言〈7・14〉、メシア預言〈9・1〜6、11・1〜10〉です。キリスト教会は、これをキリスト誕生の預言として捉えてきました。

続く第2イザヤでは、無名の預言者が捕囚民への力強い慰めと希望〈40章〉を語り出し、苦難の僕《しもべ》の預言〈52・13〜53・12〉へと続いていきます。次の第3イザヤは、もっぱら神殿の再建について預言しています。

このように3区分で説明されるイザヤ書ですが、注目すべきことに、始まりの預言部分〈1〜2章〉と終わりの預言〈66・18〜24〉が内容的に対応していることです。最初に、終わりの日の預言として神殿に諸民族が集まると予告され、最後に、その成就として神殿礼拝に諸民族がやって来ると締めくくられるのです。つまり、イザヤ書全体が1冊の壮大な預言書として整えられているのです。おそらくイザヤ（第1イザヤ）の預言が世代を超えて伝承され、それに書き加えられていったのだと考えられます。

このイザヤ書で最も有名なのは52章13節から53章までの苦難の僕《しもべ》の預言です。それは、こういう預言です。「わたしの僕《しもべ》は、多くの人が正しい者とされるために　彼らの罪を自ら負った」（53・11）。

預言者イザヤはインマヌエル預言やメシア預言をし、終わりの時に到来するメシアを予告していました。それが第2イザヤの「苦難の僕《しもべ》」というメシア像につながっています。問題は、これが誰を指すかです。

新約聖書においてそう記されているとおり（使徒8・26〜40）、この苦難の僕《しもべ》は主イエス・キリストであると理解するのが、私たちキリスト者の信仰です。

24 エレミヤ書《しょ》

ユダ王国が滅亡に向かう混迷の時
預言者として神の希望を指し示す

見よ、わたしがイスラエルの家、ユダの家と新しい契約を結ぶ日が来る、と主は言われる。(31・31)

エレミヤ書は52章から成る預言書です。エレミヤはユダ王国のヨシヤ王の時代、若き日に預言者として召命を受けました(前627年、1章)。ヨシヤ王の宗教改革が挫折した後、ユダ王国が滅亡に向かう混迷の時代にエレミヤは孤独な預言活動をしていきます。そして、ついに前587年、ユダ王国が滅亡して多くの人々が捕囚される破局の出来事を、エレミヤはエルサレムで体験しています(38・28)。その直後に政争に巻き込まれたエレミヤは、エジプトに連れ去られて生涯を終えたとされます。本書にはそのような歴史的激動の時代を生きたエレミヤの預言が、内容的に錯綜してはいますが、ほぼ時系列に沿って書き記されています。最終的には編集者によってまとめられたと考えられます。

1〜25章には、エレミヤの初期の預言があり、特に厳しい裁きの預言が目立ちます。その中に、エレミヤが自身の孤独と苦悩を吐露する「エレミヤの告白録」（11、15、17、18、20章）が織り込まれています。エレミヤは生涯を通して多くの苦悩を経験しました。その受難物語が26〜29章、36〜45章に見られ、エレミヤ書全体の構造を形づくっています。46章以下はエジプト人やペリシテ人など諸国民に対する預言です。

エレミヤの預言の特徴は、ユダ王国がバビロニアによって侵略され滅亡に向かう中で、王国の滅びを預言し、敵であるバビロニアに従うよう主張したことです（27・11〜12）。それに対し偽預言者たちは、ユダ王国は滅びるはずはないと、安易な救済を語ります（28・2〜4）。人々はエレミヤの預言には耳を傾けませんでした。エレミヤは裏切り者と見なされて、投獄され軟禁されます（32、38章）。しかし、エレミヤによる滅びの預言はそのとおり成就するのです。

にもかかわらず、ユダ王国の滅亡は、神の計画の終わりではありませんでした。エレミヤは捕囚の民に向かって希望を語り（29・10〜14）、またこの破局の向こうにある神の救済を指差しました。王国滅亡の直前に故郷アナトトの畑を買う（32・6〜15）という無謀な行為は、神の救済を予告する預言者的象徴行為だったのです。

エレミヤの預言において最も有名なのは、31章31〜34節の「新しい契約」の預言です。「見よ、わたしがイスラエルの家、ユダの家と新しい契約を結ぶ日が来る、と主は言われる」（31・31）。エレミヤは「新しい契約」について預言します。不思議な預言です。これは、いわば旧約の中にある「新約」の預言です。

イスラエルの民が律法を守ることによって成り立つ旧《ふる》い契約は、イスラエルの背信によって破棄され

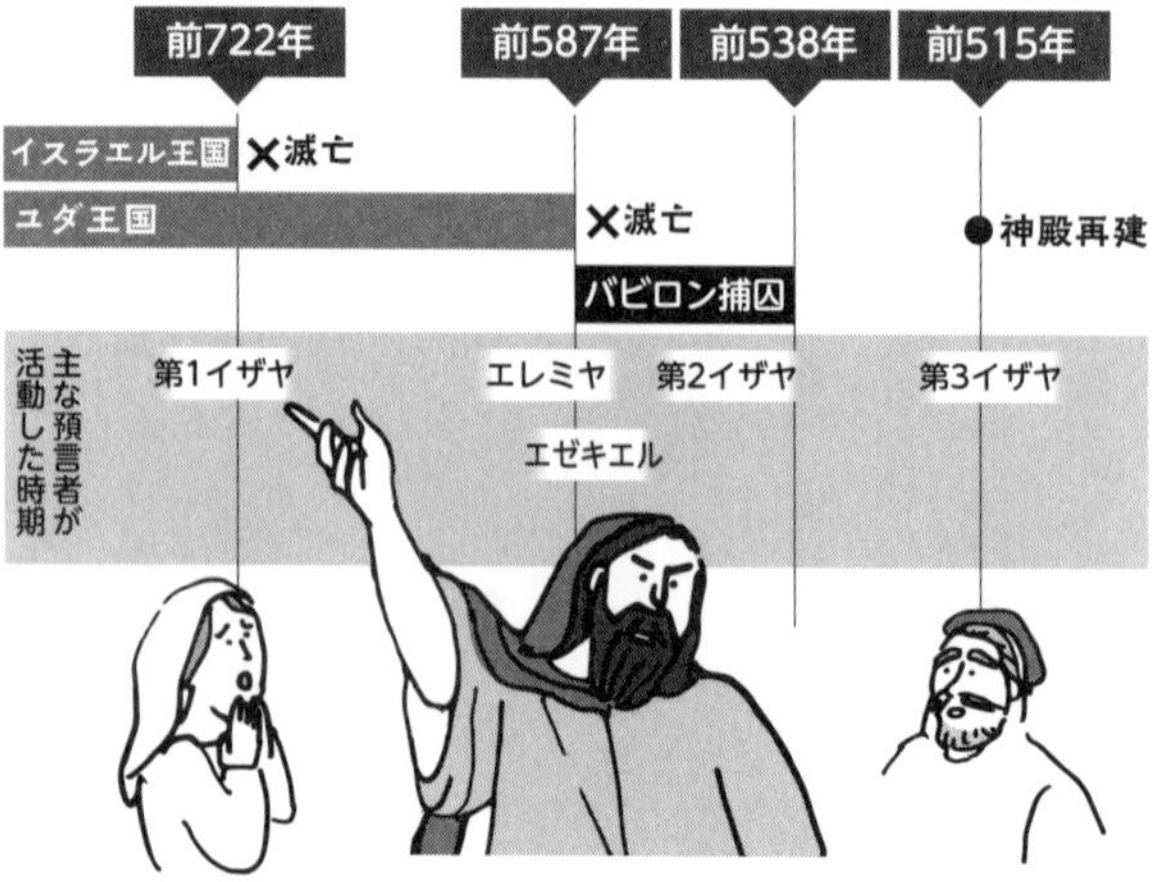

ました。けれども、やがて、神が一方的な仕方で契約を与える日がやって来る、という終末的な預言です。その時もはや、イスラエルの過去の罪が問われることはありません。ヘブライ人への手紙は8章8～12節でこのエレミヤの預言を引用し、エレミヤが語る「新しい契約」をイエス・キリストによる救いの完成として証言しています。

25

哀歌《あいか》

王国滅亡の悲惨の中に輝く光
心に刻まれるようアルファベット詩に

主の慈《いつく》しみは決して絶えない。主の憐れみは決して尽きない。

（3・22）

エレミヤ書とエゼキエル書の間に挟まれた、全5章の小さな書が哀歌です。古くからエレミヤが記した文書と信じられてきましたが、現在では、無名の人々の作と考えられています。この哀歌の主題は、紀元前587年のエルサレム陥落です。

哀歌はアルファベット詩です。ヘブライ語には22のアルファベット文字があり、1章から4章まで各節冒頭の言葉の頭文字が、アルファベット順に並んでいます。見事な芸術作品です。5章は厳密に言うとアルファベット詩ではありませんが、22節と節数はそろっています。1、2、4、5章は22節、中心に位置する3章は66節あります。

アルファベットの順序で記されるということは、読者がその内容をきちんと記憶し、心に刻み付けることを期待しているということです。他に詩編119編もアルファベット詩として知られています。

哀歌は一貫して嘆きを語ります。エルサレムが陥落し、ユダ王国が滅亡した歴史的悲劇が詩文で語られます。神殿は破壊され、人々は剣に倒れ、飢餓状態となったエルサレムでは母親が我が子の肉を食べる悲惨すら証言されています（2・20）。

しかし、嘆きが果てしなく続く哀歌の中に、かすかな希望が記されます。「主の慈《いつく》しみは決して絶えない。主の憐れみは決して尽きない」（3・22）。

この救いの言葉はその後、また嘆きに変わり、「あなたは激しく憤り　わたしたちをまったく見捨てられました」（5・22）という絶望で締めくくられます。哀歌は徹底的に悲惨を語る書ですが、その真ん中に、決して絶えることのない主の慈《いつく》しみが輝いているのです。流れ落ちる涙（3・49～50）の向こうに、私たちの救い主キリストのまなざしがあります。

26 エゼキエル書《しょ》

厳しい裁きの預言が、救済の預言に幻を通して共同体の再生を示す

するど、霊が彼らの中に入り、彼らは生き返って自分の足で立った。彼らは非常に大きな集団となった。（37・10）

エゼキエル書はイザヤ書、エレミヤ書に続く三大預言書の一つです。エゼキエルは前6世紀初め、バビロン捕囚の時代に働いた預言者で、幻によって語るという特徴があります。

エゼキエルはもともとエルサレム神殿で祭儀を執行する祭司でした。ところが、前598年の第1回バビロン捕囚において、彼は捕らえられバビロンに連行されました。このバビロンの地で、エゼキエルは神によって預言者として新たに召し出され、幻による多くの預言を語りました。

エゼキエル書は48章から成り、エゼキエルの預言がほぼ時系列に沿って記されます。前半と後半で預言が大きく変化します。

前半（1〜32章）はもっぱら裁きの預言です。ここではエルサレムが滅亡することを徹底的に語ります。けれども、エルサレムがついに陥落したという知ら

せを伝え聞くや（33・21）、エゼキエルは一転して救済の預言を語り始めます（33～39章）。これがエゼキエル書後半の預言です。特に36章には、主がイスラエルの民の中に「新しい心」「新しい霊」を授ける、という救済預言があります（26節）。これはエレミヤの「新しい契約」の預言（エレミヤ書31・31）に通じるものです。

エゼキエルの預言の最後（40～48章）は、新しい神殿の幻です。この幻によって、彼は捕囚後に神殿が再建され、再び神の民が集められていくことを予告したのです。

エゼキエル書で最も重要なのは37章の「枯れた骨の谷」の預言です。谷間に、おびただしい量の干からびた骨が転がっていました。それは、無気力と懐疑に沈む捕囚民を指しています。捕囚民は希望を失い、生ける屍《しかばね》のようになっていたのです。

彼らに対しエゼキエルが神の言葉を語ると、骨に肉が生じ、皮膚がその上を覆いました。さらに霊が吹き込まれると、枯れた骨に生命が甦《よみがえ》り、自分の足で立ち上がるのです。「わたしは命じられたように預言した。すると、霊が彼らの中に入り、彼らは生き返って自分の足で立った。彼らは非常に大きな集団となった」（37・10）。

不思議な幻ですが、これは捕囚の地で望みを失っていた民が自分の足で立ち上がり、共同体が復興することを意味しています。象徴的には死からの甦《よみがえ》りです。それはまた新約聖書で、主イエスを失った弟子たちに聖霊が降《くだ》り、教会が誕生すること（使徒2章）をほのめかす預言でもあるのです。

27 ダニエル書《しょ》

迫害の苦難を捕囚期の苦難に重ね終末の神の国到来の希望を描く

見よ、「人の子」のような者が天の雲に乗り「日の老いたる者」の前に来て、そのもとに進み（7・13）

ダニエル書は預言書であると共に、旧約聖書の中でただ1つ黙示文学に属しています。黙示とは隠されたものを顕わにすることです。本書でダニエルは夢や幻を解き明かして、終末

の到来を予告します。

著者は前2世紀の人ですが、物語の時代設定は前6世紀の捕囚期です。前598年の第1回バビロン捕囚のとき、捕囚された一人がダニエルでした。彼はバビロンの宮廷で王に仕え、夢を解く能力でさまざまな試練を乗り越え、幻によってその後の歴史を見通して、神の国の到来を予告しました。

ダニエル書前半（1～6章）は物語として書かれます。ダニエルや友人たちは、宮廷で困難に遭遇しても信仰を捨てませんでした。彼の3人の友人は王の像にひれ伏すことをせず、そのために燃え盛る炉に投げ込まれましたが、無傷で助けられました（3章）。ダニエルも王にひれ伏さなかったために、獅子の洞窟に投げ込まれましたが、奇跡的に助け出されました（6章）。

ダニエル書後半（7～12章）は黙示文学に転じます。ダニエルは象徴的な夢と幻を通して、バビロン、メディア、ペルシア、ギリシアと続く王国の歴史を見ました。

そして最後に、最も恐るべき王が到来し、神殿が汚され、忌まわしい像が立てられると予告されます（9・24～27、11・31～32）。これは、ダニエル書の著者が現在立っている時代です（前167年）。このときギリシアのセレウコス王朝の王アンティオコス4世エピファネスがパレスチナを支配しており、ユダヤ教徒への大迫害が始まっていました。

ダニエル書の著者は、自身が直面している破局的現実を、前6世紀の苦難に重ねて物語を展開しています。そして物語の中で、この未曽有の危機はいつまでも続くものではないと予告します。「見よ、『人の子』のような者が天の雲に乗り　『日の老いたる者』の前に来て、そのもとに進み……彼の支配はとこしえに続き　その統治は滅びることがない」（7・13～14）。

迫害され、窮地に追い込まれている人々を励ますために、ダニエルは「人の子」が天から到来し、終末の神の支配が完成すると預言しました。さらに12章2節で復活の希望がはっきりと記されます。この終末の支配者を指す「人の子」という語は、イエス・キリストへと受け継がれます。「人の子が大いなる力と栄光を帯びて天の雲に乗って来る」（マタイ24・30）と、ご自分の再臨を預言しているのです。

神の嘆きと痛みを身に負う預言者
それでも神は民を愛し求め続ける

28 ホセア書《しょ》

ああ、エフライムよ　お前を見捨てることができようか。イスラエルよ
お前を引き渡すことができようか。（11・8）

ホセア書は、預言者ホセアの個人的体験と神の慈愛を重ねる預言書です。イスラエルの民を愛しながら、その民に裏切られる神の苦しみ。これをホセアは、愛する妻に裏切られる夫の苦しみとして経験します。

1～3章はホセアの個人的な物語です。ゴメルを妻に迎えよとの神の命令（1・2～3）に

従ったホセアは、そのゴメルに背かれ苦しみました。しかし、神に「夫に愛されていながら姦淫する女を愛せよ」（3・1）と命じられ、ホセアはなお神に従うのです。ホセアの愛と憎しみの葛藤がにじみ出ます。4章以下は、神がイスラエルの民を告発する審判預言ですが、最後14章2節以降にイスラエルの回復が予告されます。

ホセアは北イスラエル王国で活動しました。ホセアが生きた前8世紀の北王国は、偶像を拝むバアル宗教に席巻され、倫理的にも乱れていました。この民に対する神の厳しい姿勢は、神がホセアに命じ、「イズレエル」「ロ・ルハマ」「ロ・アンミ」という忌まわしさを象徴する名前を子どもたちに付けさせたことに現れています（1章）。

しかし神は、イスラエルを愛することをやめません。背かれても背かれても、神はイスラエルを愛そうとします。ホセアがおそらく娼婦に戻っていたゴメルを探し出し、相当の銀を支払って彼女を買い戻した行為において（3章）、イスラエルに対する神の破格の憐れみがあふれ出ます。

「ああ、エフライムよ　お前を見捨てることができようか。イスラエルよ　お前を引き渡すことができようか」（11・8）とホセアは預言します。これは、神に背を向けるイスラエルの民を、それでも神は見捨てないという預言です。神は、妻を愛する夫のように心を熱くし、激しく心を動かされてイスラエルを赦し、引き戻そうとするのです。強烈なラブコールです。これが神の愛を証言する旧約の言葉です。「神は愛です」という新約の言葉（Ⅰヨハネ4・8）の起源が、ここにあります。

29 ヨエル書《しょ》

終末である「主の日」の到来を告知
聖霊降臨の預言はペンテコステに成就

その後　わたしはすべての人にわが霊を注ぐ。あなたたちの息子や娘は預言し　老人は夢を見、若者は幻を見る。（3・1）

ヨエル書は、終末における神の裁きを印象的に書き記す、全4章の短い預言書です。預言者ヨエルについて詳しいことはわからず、時代状況も読み取れません。この預言書の特徴は、「主の日が近づく」という表現で、終末の到来を一貫して預言していることです（1・15、2・1、3・4、4・14）。

いなご（聖書協会共同訳では「ばった」）の襲来による大地の荒廃が、恐ろしい終末到来のイメージとして表現されます（1章）。まるで敵軍の来襲のようです。

しかしヨエルは神の裁きの預言と同時に立ち帰りを求め（2～4

章)、立ち帰るならば「主が思い直され　その後に祝福を残し……てくださるかもしれない」(2・14)と告げます。

主の日は、裁きの日であると共に救済の日でもあるのです。「その後　わたしはすべての人にわが霊を注ぐ。あなたたちの息子や娘は預言し　老人は夢を見、若者は幻を見る」という預言が3章1節にあります。新約聖書を読んだことのある人は、どこかで読んだ記憶がありませんか？　そうです。ペンテコステ(聖霊降臨日)に読まれる使徒言行録2章です。

ペトロは、このヨエルの預言を引用し(使徒2・17)、これが聖霊降臨による教会誕生の予告だと語りました。

ヨエルの預言はさらに「主の御名を呼ぶ者は皆、救われる。……エルサレムには逃れ場があり　主が呼ばれる残りの者はそこにいる」(ヨエル書3・5)と続きます。教会の誕生はヨエルの預言の成就だと読むこと。これが私たちの信仰です。

30 アモス書《しょ》

神による徹底的な裁きを預言
それはイスラエルへの愛と選びのゆえ

地上の全部族の中からわたしが選んだのは　お前たちだけだ。それゆえ、わたしはお前たちを　すべての罪のゆえに罰する。（3・2）

アモス書の特徴は、神による徹底した審判を預言することです。1～6章は審判預言で、特に1～2章には「三つの罪、四つの罪のゆえに　わたしは決して赦さない」という定型表現が繰り返されます。続く7～9章では、5つの幻によって審判預言がなされます。例えば第3の幻（7・7～9）では、神が垂直を計測する「下げ振り」（左図）を持ち、イスラエルの民の罪を計るというイメージがアモスに示されます。

アモスは正典的預言者（預言書の著者とされる人）の中で時代的に最初の人です。彼は前8

世紀に南ユダ王国のテコアで「家畜を飼い、いちじく桑を栽培する」（7・14）農夫でした。けれども、ある日突然、神に召し出され、北イスラエル王国に遣わされます。当時、北王国では富裕な権力者たちが貧しい人々を搾取し、社会的不正がはびこっていました。アモスは聖所のあるベテルに行き、「イスラエルは滅びる」と語ったのです（7・11）。その預言どおり、北王国は前722年に滅亡しました。

大切なのは、アモスがこのように厳しい審判を預言する一方で、「地上の全部族の中からわたしが選んだのは　お前たちだけだ」（3・2）とも語っていることです。不思議に思うかもしれません。神がイスラエルの民だけを選んだのならば、なぜその民を殊更に厳しく罰するのでしょうか。

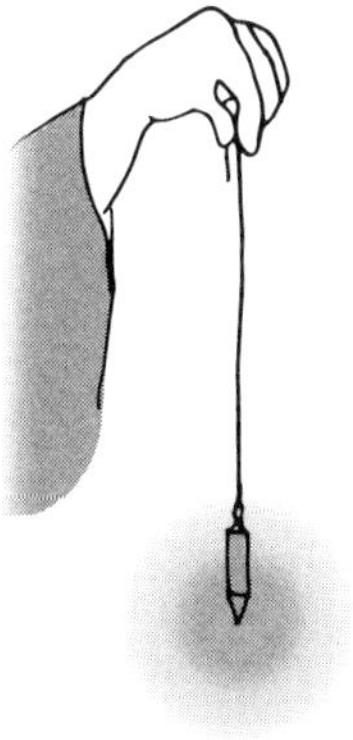

イスラエルの民は神に選ばれたゆえに、恵みに応えて実を結ぶ必要があったのです。ところが、神に背を向けているではありませんか。だからこそ先ほどの3章2節の言葉はこう続きます。「それゆえ、わたしはお前たちを　すべての罪のゆえに罰する」。

神は愛と選びのゆえに、厳しい裁きを与えます。しかしそれは、イスラエルを滅ぼすためではありません。神は裁きを通してイスラエルを立ち帰らせ、救おうとしています。裁きの向こうに救いがあるとアモスは最後に預言します（9・13〜15）。

裁きと愛。アモスが告げたこの逆説は、キリストの十字架を指差します。十字架は神の呪いの成就でしたが（ガラテヤ3・13）、それは私たちに救いをもたらすためでした。十字架に現れた神の裁きは、私たちに立ち帰りを求めています。

31 オバデヤ書《しょ》

旧約聖書の中で最短の書
エドムの裁きとイスラエルの復興を示す

救う者たちがシオンの山に上って、エサウの山を裁く。こうして王国は主のものとなる。（21節）

オバデヤ書は旧約39巻の中で最も短い書です。たった1章しかありません。短いのでわかりやすいかというと、そうではありません。オバデヤ書には時代背景について説明がなく、またオバデヤという預言者についても詳細がわからないのです。

本書の主題はエドムに対する厳しい裁きです。このことが1～18節に記され、終わりの19～21節でイスラエルの回復が預言されています。

エドムとは、創世記に出てくるヤコブの双子の兄、エサウの別名です（創世記25・30）。死海の南に、エサウの子孫と言われるエドム人が住んでいました。

このエドムをオバデヤ書は厳しく批判しています。ユダ王国がバビロニアに滅ぼされる苦難のときに、隣国エドムは助けの手を差し伸べず、それどころかユダの領土に侵入してユダの人々を苦しめたからです（詩編137・7参照）。「兄弟が不幸に見舞われる日に　お前は眺めていてはならない。ユダの人々の滅びの日に　お前は喜んではならない」（12節）はこのことを証言します。

そうすると、オバデヤの時代は、捕囚が起きた前6世紀ということになりそうです。冒頭に記したように、十二小預言書の並びから考えると前8世紀のはずですが、オバデヤ書については例外と考えるほかありません。

ユダの人々がバビロニアに捕囚された後、ユダの荒れ地はエドムによって占領されました（19節）。しかし結尾に「救う者たちがシオンの山に上って、エサウの山を裁く。こうして王国は主のものとなる」（21節）とユダ王国の復興が預言されています。この救済預言は、イザヤ書の最初（2章）と最後（66章）がそうであるように、イスラエルの復興をひたすら見つめているのです。

32 ヨナ書《しょ》

ユーモラスで波乱に富んだ物語
イスラエルの敵さえ神は救おうとする

主は巨大な魚に命じて、ヨナを呑み込ませられた。ヨナは三日三晩魚の腹の中にいた。（2・1）

ヨナ書は十二小預言書の中で唯一、物語として記された預言書です。4章から成る完結した物語で、皆さんも絵本などで読んだことがあるかもしれません。1章はヨナの逃亡、2章はヨナの奇跡的救済、3章はヨナの再出発、4章はニネベの救済。波乱に富んだ物語です。

神はヨナに、アッシリア帝国の首都ニネベに行って宣教するように命じます。ニネベの悪が神にまで届いていたからです。ヨナは神に従わず、逆方向に逃亡を図りますが、乗った船が嵐に巻き込まれました。くじを引くと、ヨナの不義が災いの原因であることが明らかに。とうとうヨナは、嵐の海に投げ込まれるはめになりました（1章）。

大魚がヨナを呑み込み、ヨナは魚の腹の中で3日3晩過ごし、自ら悔いて神に祈りました（2章）。大魚から吐

き出されたヨナは神の命令に従い、ニネべに出かけ告げるのです。ニネべの都は間もなく滅びると。するとヨナの予想に反してニネべの民が悔い改め、神はニネべへの裁きを思い直しました（3章）。

ヨナは、それを受け止めることができません。死にたいと訴える不寛容なヨナを神は教え諭《さと》し、「ニネべを惜しまずにいられるだろうか」と伝えました（4章）。

預言者ヨナは前8世紀、アッシリア全盛期の預言者です（列王記下14・25）。アッシリアはイスラエルにとって恐ろしい敵でした。にもかかわらず、そのアッシリアの都ニネべを救済することが神の意志であるとは実に驚きです。しかも、ニネべの家畜も保護の対象です（4・11）。

神の寛容と、それをなかなか理解できないヨナの不寛容や人間的破れは実に対照的で、ユーモアに富んでいます。ここには「自分たちだけが救われている」というイスラエルの偏狭な選びの思想を相対化する、普遍的な救済理解があります。

新約との関わりで大切なのは、「主は巨大な魚に命じて、ヨナを呑み込ませられた。ヨナは三日三晩魚の腹の中にいた」（2・1）です。これに基づいて主イエスは、「ヨナが三日三晩、大魚の腹の中にいたように、人の子も三日三晩、大地の中にいることになる」（マタイ12・40）と、復活を示します。

この出来事は私たちにも当てはまり、奮い立たせてくれます。大魚に呑み込まれたかのような、閉ざされた暗闇における孤独の経験が、復活の希望をもたらすのです。

33 ミカ書《しょ》

イザヤと同時代の預言者
正義と公正を求め、メシア到来を予告

エフラタのベツレヘムよ　お前はユダの氏族の中でいと小さき者。お前の中から、わたしのために　イスラエルを治める者が出る。（5・1）

ミカ書は十二小預言書の6番目の書です。これを記した預言者ミカは前8世紀、南ユダ王

国において、ヨタム、アハズ、ヒゼキヤと続く王たちの治世に活動しました（1・1）。分裂王国時代の末期であり、預言者イザヤの時代と重なります。興味深いのは、イザヤ書の終末預言（2・2〜4）がミカ書でもそのまま繰り返されることです（4・1〜3）。

ミカはアモス、ホセア、イザヤと同様に、神の裁きを伝える審判預言者です。ミカが預言したイスラエルの審判は、前722年の北イスラエル王国滅亡で成就しました。また南ユダ王国の審判（3・9〜12）も前587年のユダ王国滅亡で成就したと言うことができます。

ミカ書の構造は複雑で、裁きと救済が交互に記されます。1章〜2章11節は審判預言、2章12〜13節は救済預言、3章は指導者への審判預言、4〜5章は救済預言、6章〜7章6節は審判預言、7章7〜20節は救済預言です。全体としては審判預言（1章）で始まり、救済の約束（7・7〜20）で締めくくるように編集されているのです。

ミカの預言の特徴は社会批判です。「人よ、何が善であり　主が何をお前に求めておられるかは　お前に告げられている。正義を行い、慈《いつく》しみを愛し　へりくだって神と共に歩むこと、これである」（6・8）。この言葉に、正義と公正を求めるミカの預言の特徴が見られます。

ミカは裁きの向こうにある救済をも預言します。重要なのはメシアの到来を予告する言葉です。「エフラタのベツレヘムよ　お前はユダの氏族の中でいと小さき者。お前の中から、わたしのためにイスラエルを治める者が出る」（5・1）。ベツレヘムの町に王が生まれるという救済預言です。

マタイによる福音書2章6節において、祭司長や律法学者たちがこの言葉を引用します。そして東方から来た占星術の学者たちは星に導かれてベツレヘムに向かいました。救い主イエス・キリストが誕生するクリスマスの出来事は、預言者ミカの預言の成就だったのです。

大国アッシリアの滅亡とイスラエルの誇りの回復を預言

34 ナホム書《しょ》

主はヤコブの誇りを回復される　イスラエルの誇りも同じように。（2・3）

ナホム書には、預言者ナホムが見た幻が記されています。ナホムがどういう預言者かはわかりませんが、一貫してアッシリアの都ニネベへの裁きを預言しています。

アッシリアは前8世紀に北イスラエル王国を滅ぼし、南ユダ王国をも侵略しました。滅ぼされた北王国の多くの人々は捕らえられ強制移住させられました。そのアッシリアに主の怒りがくだり、都ニネベが陥落し、国が滅亡することを、ナホムは預言します。

第1部（1章）が主の怒り、第2部（2〜3章）がニネベの陥落という、2部構成になっています。

前7世紀、アッシリアはエジプトのテーベを攻略しましたが（3・8）、その後、急速に衰えて、前612年にバビロニアによって滅ぼされました。ナホムはその時代を背景に預言しているようです。

ニネベに対しては、こう宣告されます。「お前を見る者は皆、お前から逃げて言う。『ニネベは破壊された　誰が彼女のために嘆くだろうか。』お前を慰める者はどこを探してもいない」（3・7）。その預言のとおりに、アッシリアは滅亡しました。

先に取り上げたヨナ書では、神はニネベの民を憐れむということが記されていましたが、預言者ヨナはあくまでニネベの滅びを求めました（ヨナ書4・1）。ナホムとヨナは、預言者としては同じ姿勢であることがわかります。

徹底した裁きを告げる預言は、私たちを尻込みさせます。けれどもナホム書で注目したいのは、強大なアッシリアに踏みにじられたイスラエルの民に、救済が約束されることです。「戦車は通りを狂い走り、広場を突き進む」（2・5）という現代に重なる酷《ひど》い戦禍を経験した人々に、ナホムは預言するのです。「主はヤコブの誇りを回復される　イスラエルの誇りも同じように」(2・3)。

35 ハバクク書《しょ》

預言者の嘆きと神の答えが交互に記され、賛美に導かれる

しかし、神に従う人は信仰によって生きる。(2・4)

ハバクク書には預言者ハバククが見た幻が記述されます。ハバククも、どのような預言者であったのかよくわかりません。

ハバクク書は神との対話形式で書かれています。預言者の嘆き(1・2〜4)↓主の答え(1・5〜11)↓預言者の嘆き(1・12〜17)↓主の答え(2・1〜20)↓賛美の歌(3・1〜19)

という展開です。ハバククが嘆き、主が答えるという仕方で「嘆き」と「答え」が交互に記され、賛美に至ります。

3章3、9、13節に「セラ」とあります。これは詩編にしばしば出てくる言葉で、大勢で朗唱する際の区切りを示す記号であったと考えられています。また末尾の3章19節には「指揮者によって、伴奏付き」と書かれているので、ハバクク書は詩編のように礼拝で用いられたようです。

ハバククの時代について詳細はわかりませんが、1章6節に「カルデア人」が勃興すると書かれています。カルデア人はバビロニア人を意味しますから、バビロニアがアッシリアを倒す前7世紀が背景にあるようです。ハバククがアッシリアによる暴虐を訴え、主がそれに応えてアッシリアの滅亡を予告する。それを聞いてハバククが祈りをささげるという内容です。

けれども、ハバクク書の預言はアッシリアの滅亡に留まりません。その後のバビロニアの滅亡、それどころか終末の予告をも語ります。ハバククは「定められた時」「終わりの時」のために「幻を……板の上にはっきりと記せ」と主から命じられます（2・2～3）。そして

「主よ、あなたが馬に乗り　勝利の戦車を駆って来られる」（3・8）と、終末の日の到来を預言するのです。

この終末預言について、印象深い言葉が最後に記されています。それは、たとえ望みが絶たれ、待っていた実りが得られなくても、「わたしは主によって喜び　わが救いの神のゆえに踊る」という信仰の告白です（3・17～19）。これは『讃美歌第二編』57番「あらしのあとに」の4節の歌詞になっています。「たとい望みは　くずれゆきて、まちしみのりは　ともしくとも、なお主は在《いま》し　変わらざれば、そのみめぐみを　とわにたたえん」。

ハバクク書には、パウロの信仰義認理解（ローマ1・17、ガラテヤ3・11）の根拠となる言葉があります。「しかし、神に従う人は信仰によって生きる」（2・4）。これは、終わりの日にキリストを信じて生きる者の信仰を、預言者が指差しているのです（ヘブライ10・37～38）。

36 ゼファニヤ書《しょ》

ユダ王国と周辺国の腐敗を断罪
ヨシヤ王の改革と重なる預言

娘シオンよ、喜び叫べ。イスラエルよ、歓呼の声をあげよ。娘エルサレムよ、心の底から喜び躍れ。（3・14）

ゼファニヤは、1章1節の表題によれば、前7世紀、ユダ王国のヨシヤ王の時代に活動した預言者です。明確な系図から考えると、ゼファニヤは王家に属する人物であったかもしれません。活動期は預言者エレミヤの初期と重なります。

ゼファニヤ書の構成は、「ユダに対する裁きの言葉」（1・2～2・3）、「諸国民に対する裁きの言葉」（2・4～15）、「ユダに対する裁きの言葉」（3・1～8）、「ユダに対する救済の言葉」（3・9～20）です。大きく2つに分ければ、裁きの預言が3章8節まで続き、3章9節以下が救済の言葉です。ゼファニヤの時代、アッシリアは衰退し、その間にユダ王国ではヨシヤ王が宗教改革を断行しました（列王記下22〜23章）。そのヨシヤ改革と同様に、ゼファニヤはユダ王国の腐敗を指摘し、異教的な慣習を断罪します（1章）。また周辺諸国民をも断罪します（2章）。さらにユダ王国の役人、裁判官、預言者、祭司たちをも厳しく断罪します（3章）。そして最後にゼファニヤは、エルサレムが復興し再び繁栄すると予告します。

この一連の預言は、ヨシヤ王の改革と重なる内容です。けれども、ゼファニヤの預言は将来をも見据えています。「主の日」「その日が来れば」「そのときが来れば」「主の大いなる日」というように、終末の日が到来することを預言しています。これは、この預言書がゼファニヤの時代の後に、編集されたことをほのめかします。

3章のエルサレムの復興にはそのことが表れています。「そのとき、わたしはお前たちを連れ戻す。そのとき、わたしはお前たちを集める」（20節）。この救済預言は、前6世紀、ユダ王国の滅亡により捕囚され

た人々が、やがてエルサレムに帰還することを予告しているようです。「娘シオンよ、喜び叫べ。イスラエルよ、歓呼の声をあげよ。娘エルサレムよ、心の底から喜び躍れ」（3・14）。このエルサレム復興の声は、次のハガイ書への橋渡しとなります。

捕囚から帰還した民を励まして
エルサレム神殿再建へ

37 ハガイ書《しょ》

その日には、と万軍の主は言われる。……わが僕《しもべ》、シェアルティエルの子ゼルバベルよ　わたしはあなたを迎え入れる、と主は言われる。（2・23）

ハガイ書は、預言者ハガイが神殿の再建について預言した書です。直前のゼファニヤ書の終盤3章14節で、エルサレム（シオン）再建の喜びが先取りして歌われました。そのエルサレム再建を促すところからハガイ書は始まります。

時代はすでに、バビロニア帝国の支配からペルシア帝国の支配に変わっています。本書の冒頭の「ダレイオス王の第二年」とは、紀元前520年です。バビロン捕囚が終わり、捕囚民が帰還したのは前538年。しかし、エルサレムでは神殿再建が一向に進みません。主は預言者ハガイを通して、ユダの総督ゼルバベルと大祭司ヨシュアに神殿再建の実現を命じます。

ハガイ書には2つの章しかありません。1章は神殿再建の呼びかけ、2章は神殿再建にあたり、総督ゼルバベルと大祭司ヨシュアを祝福するという内容です。

ハガイは、「今、お前たちは、この神殿を　廃虚のままにしておきながら　自分たちは板ではった家に住んでいてよいのか」（1・4）という主の言葉を告げます。捕囚から帰還した人々は神殿再建を使命としていました。しかし彼らは自分たちの生活再建を優先し、また周辺住民による工事への妨害もあり、神殿再建は進んでいませんでした。そこで、ユダ総督ゼルバベルと大祭司ヨシュアの2人が指導的な力を発揮して、民を促し、再建工事を推し進めます。ハガイはこのことが主のご計画であると預言し、人々を奮い立たせました。

2人の指導者のうち総督ゼルバベルはダビデの血筋の人物です。主はゼルバベルに対し

「わたしは国々の王座を倒」す（2・22）と宣言し、ゼルバベルを「わが僕《しもべ》」「わたしの印章」（同23節）と呼んでいます。ゼルバベルを通して約束のメシアを見ているかのようです。新約聖書の主イエスの系図の中に、このゼルバベルの名が出てきます（マタイ1・12）。ハガイの預言もまたキリストを指差しているのです。

38 ゼカリヤ書《しょ》

神殿再建に向けて預言しろばに乗る平和の君の到来をも予告

見よ、あなたの王が来る。彼は神に従い、勝利を与えられた者　高ぶることなく、ろばに乗って来る　雌ろばの子であるろばに乗って。（9・9）

ゼカリヤ書は14章から成ります。終末に関する記述が多く、預言書であると共に、神の隠された計画を明らかにする黙示文学とも言えます。預言者ゼカリヤは、1章1節によればハガイと同時代人です。前520年、神殿が再建される直前の時代に、ゼカリヤが見た幻が記されています。

ゼカリヤ書の構成は2つに分かれます。第1部が1～8章、第2部が9～14章です。さらに第2部は9～11章と12～14章の2つの託宣に分かれます。第1部を第1ゼカリヤ、第2部を第2ゼカリヤと呼び、後者はゼカリヤ以後の時代に書かれた預言とされています。

第1部は、預言者ゼカリヤが見た8つの幻（1・7～6・8）、大祭司ヨシュアへの戴冠（6・9～15）、断食とエルサレム回復の約束（7・1～8・23）という内容です。ゼカリヤもハガイと同様に、総督ゼルバベルと大祭司ヨシュアが指導者となって神殿再建を実現することを預言しています。ゼルバベルとヨシュアの2人が油注がれたメシアとして称賛されます（4・14）。

第2部では、諸国民への裁きと同時に、エルサレムの平和と回復が予告されます。さらにエルサレムが憐れみを受け、安住の地となって、ついには神殿に諸国民が礼拝に来るという終末的な預言が語られます。「そのときは昼もなければ、夜もなく　夕べになっても光がある」(14・7)という隠された神の約束が告げられます。

ゼカリヤは、メシアの到来を予告する預言も語っています。「娘シオンよ、大いに踊れ。娘エルサレムよ、歓呼の声をあげよ。見よ、あなたの王が来る。彼は神に従い、勝利を与えられた者　高ぶることなく、ろばに乗って来る　雌ろばの子であるろばに乗って」(9・9)。この預言は、堂々たる軍馬に乗っているギリシャのアレクサンドロス大王との対照を意図しています。イスラエルを治める王は、柔和なろばに乗ってやって来て、平和を実現する(同9節)というのです。主イエスがエルサレムに入城

したとき、このゼカリヤの預言が成就しました（マタイ21・5）。

39 マラキ書《しょ》

旧約聖書の最後の書
洗礼者ヨハネと主イエスを指し示す

見よ、わたしは　大いなる恐るべき主の日が来る前に　預言者エリヤをあなたたちに遣わす。（3・23）

マラキとは「わたしの使者」という意味の名です（3・1）。「彼はわが前に道を備える」と神は告げています。預言者マラキは神殿の再建と同時に、神殿における正しい礼拝のあり方を語ります。また最後の審判が来ることを予告しています。時代は神殿再建の頃と考えられます。

マラキ書の構成は少々複雑です。イスラエルへの神の愛（1・1～5）、正しい礼拝（1・6～14）、祭司たちへの警告（2・1～9）、ユダへの警告（2・10～16）、審判の到来（2・17～3・5）、立ち帰りの勧告（3・6～12）、神の義（3・13～18）、主の日（3・19～24）という構成です。

マラキ書は、一貫して「わたし」（主）が「あなたたち」（イスラエルの民）に語りかけるという文体で書かれ、民の問いに主が答えるという対話の預言書です。

マラキ書で主題とされるのは、神殿が再建されても真実な礼拝が捧げられなければむなしいということです。イスラエルの民は「主の食卓は軽んじられてもよい」（1・7）と考え、「聖なるものを汚し」（2・11）ています。「若いときの妻を裏切ってはならない」（同15節）、「主を疲れさせている」（同17節）と非難されます。ここに捕囚後の民の現実がにじみ出ています。

その民に対し神はマラキを通して「立ち帰れ、わたしに」（3・7）と勧め、それさえ受け入れない人々に「主を畏れ敬う者」は必ず報われると約束します（3・16～18）。

マラキ書の結末の3章19節以下で、「主の日」の到来が予告されます。これは十二小預言書の結末であると同時に、旧約聖書39巻の結末となります。この終末予告の中に「見よ、わたしは 大いなる恐るべき主の日が来る前に 預言者エリヤをあなたたちに遣わす」（3・23）という預言があります。終末の到来前にエリヤが来るのです。

この遣わされるエリヤは、新約聖書では洗礼者ヨハネと解釈されます（マタイ11・14）。マラキの預言はさらに、ヨハネに続いてやって来る主イエス・キリストによって、神の国が始まることをも証ししています。旧約聖書の最後は新約聖書につながっているのです。

旧約聖書続編《きゅうやくせいしょぞくへん》

小友 聡

旧約続編とは何か

旧約聖書に続きがあるのを知っていますか？ びっくりする人がいるかもしれません。これは「旧約聖書続編」あるいは「外典」と呼ばれます。これらはプロテスタント教会では読まれませんが、カトリック教会では第二正典として尊重されています。その13書を紹介いたします。

＝トビト記＝

紀元前2世紀頃に書かれたトビトの物語です。彼はアッシリアのニネベに捕囚された人物で、妻ハンナと息子トビアがいます。律法に従う正しい人でしたが、雀の糞《ふん》が原因で失明し、また妻との激しい口論に苦悩していました。

ちょうどその頃、ラグエルという人の娘サラが祈っていました。彼女は結婚するたびに夫が悪魔に殺されてしまうのです。神はサラの祈りを聞き入れ、トビトの息子トビアと結婚させようと計画します。

トビトは、トビアを呼び寄せて仕事を頼みました。親族ガバエルに貸したお金を返してもら

レンブラント画
「トビトとハンナ」1626年

うことです。トビアは天使に導かれ、道中、川で魚を捕まえます。天使の命じるとおり、魚の胆のうと心臓と肝臓を取り置きました。そして天使の手引きでサラと出会い、心臓と肝臓で悪魔を退治し、2人はめでたく結婚。その後、お金も戻り、トビアは父トビトと母ハンナに再会します。持って来た魚の胆のうを父の目に塗ると、視力が回復したのでした。

ヤコブ物語やヨブ記にも似ています。異教世界にあって、イスラエルの民が律法に従って正しく生きるべきことを教えています。

ユディト記

ユダヤ人女性ユディトの物語です。アッシリアの王がニネベで支配した時代と前置きされます。

その頃、イスラエルの町ベトリアはアッシリアによって包囲され、将軍ホロフェルネスの手に落ちる寸前でした。この町に住んでいたのが寡婦ユディトです。ユディトは神に祈り、決意してホロフェルネスの陣営に向かいます。やがて美しく、知恵に満ちた彼女はホロフェルネスの寵愛《ちょうあい》を得ます。そして酒宴に招かれた時、寝台で酔いつぶれていたホロフェルネスの首を取ってしまうのです。

ユディトはベトリアに戻り、町の人々に「今こそアッシリアに反撃すべき時だ」と語ります。人々は立ち上がりました。アッシリア軍は敗走し、町は救済されました。ユディトの英雄的行動により、イスラエルは勝利したのです。

エステル記によく似ていますし、士師記4章でシセラを倒したヘベルの妻ヤエル、また士師デボラとも似ています。これはヘレニズム時代（紀元前4～1世紀）に書かれました。

エステル記（ギリシア語）

正典のエステル記とは異なる伝承の、もう一つのエステル記が続編にはあります。それが、このギリシャ語エステル記です。内容はほとんど同じですが、ギリシャ語エステル記はモルデカイの夢から物語が始まります。王妃ワシュティの追放、エステルの王妃輿入《こしい》れ、ハマンによるユダヤ人排斥の陰謀、モルデカイの懇願によるエステルの信仰的決断、モルデカイの復権、ハマンの失脚、ユダヤ人の勝利という物語の流れは、正典エステル記とほぼ同じです。

しかしこちらのエステル記には、エステルが決死の覚悟で決断した後のモルデカイの祈りとエステルの祈りが加わっています。また、この出来事が起源となるユダヤ教のプリム祭について詳しく記述されます。さらに、モルデカイが初めに見た夢が実現したことが最後に記されます。ギリシャ語エステル記はダニエル書のように、夢が解釈され、実現するという黙示文学の形になっているのです。

なお、正典エステル記には神という言葉がありませんが、こちらには頻出します。

═マカバイ記一═

「マカベア」と呼ばれることもある「マカバイ」は、前2世紀、セレウコス朝シリアによるユダヤ教迫害の時代のユダヤ人で、軍事的指導者であるユダのあだ名「マカバイ」（ハンマーという意味）に由来するものです。このユダ・マカバイによる軍事闘争は旧約聖書のダニエル書の時代背景と重なります。

マカバイ記は歴史書で、4つあるのですが、その第一と第二が旧約続編に含まれます。

「一」は、アレクサンドロス大王の死後の後継者争いから歴史の記述が始まります。やがてシリア王アンティオコス・エピファネスにより、エルサレム神殿が略奪され、ユダヤ教に対する大迫害が始まります。これに祭司マタティアが反抗し、その没後に息子のユダ・マカバイが立ち上がりました。さらに兄弟ヨナタン、シモンが闘争を継承し、ついにシリアの支配を駆逐するという壮大な軍事物語です。

＝マカバイ記二＝

「マカバイ記一」に並行する歴史を記述するのが「マカバイ記二」です。清められたエルサレム神殿で奉献の祭り（ハヌカ祭）を挙行するにあたっての書簡の紹介から始まります。

3章からが歴史の記述です。シリア王アンティオコス・エピファネスが即位すると、ギリシャ化政策が強行されました。エルサレム神殿にはゼウスの神像が置かれ、未曽有の宗教迫害の嵐が吹き荒れます。このとき、ユダ・マカバイが立ち上がり、勇猛果敢に軍事闘争を展開して、ついに神殿を清め、奉献の祭りを行いました。ユダは勝利を収め、シリア軍総司令官ニカノルを倒したこの日を「ニカノルの日」と定めました。

ユダ・マカバイを中心に、修辞的な歴史記述がなされます。神殿が汚され、神殿が清められることに焦点があります。ダニエル書が記された時代を歴史的に証言している書です。また、殉教の重視、復活信仰という思想が見られ、旧約聖書ではわずかに語られていた事柄の発展が見られます。

ルーベンス画
「ユダ・マカバイ」
1634-36 年

知恵の書

知恵の書は、一般には「ソロモンの知恵」と呼ばれます。この書は旧約の知恵文学の伝統を継承しています。箴言に似た格言が並びます。

著者はソロモンではなく、ヘレニズム世界に生きるユダヤ人で、おそらく紀元前1世紀にアレクサンドリアでこの書を書きました。ヘレニズム世界に生きるユダヤ人のための知恵文学としてギリシャ語で書かれたと考えられます。しかし、この書を伝承したのはユダヤ教ではなく、キリスト教会でした。

この書の特徴は知恵の超越化です。ギリシャ思想の影響を強く受けています。「朽ちるべき体は魂の重荷とな」る（9・15）というように、霊肉二元論があり、ギリシャ的な霊魂不滅が説かれます。このような思想は旧約聖書にはありません。

本書は、ギリシャ的な思想によって知恵文学が彩られますが、これは後に成立するキリスト教思想にも影響を及ぼしました。

シラ書〔集会の書〕

「集会の書」とも呼ばれます。著者は「エルアザルの子シラの息子イエスス」です。シラの息子（ベン）なので、「ベン・シラの書」と呼ばれることもあります。紀元前180年頃にヘブライ語で書かれ、その約50年後に著者イエススの孫によってギリシャ語に訳され、序文が添えられて、この書ができました。

この書も旧約の知恵文学の伝統を継承しています。日常生活に関する教え、処世術、実利主義的な教訓が格言としてたくさん並ぶ書です。読めば、箴言によく似ていると思うでしょう。この書の特徴は、知恵と律法が融合していることです。旧約の知恵文学が律法に限りなく近づいていることがわかります。51章から成る長い知恵文学で、カトリック教会では特に大切にされ、読まれてきた歴史があります。

バルク書

ネリヤの子バルクに由来する書です。バルクは、エレミヤ書の中でエレミヤの預言を筆記した書記として知られます（エレミヤ書36・4）。しかしこのバルク書の著者は、バルクという偽名で語っています。

バルク書では、エルサレムが陥落した5年後にバビロンでバルクが書き記したとされます。バルクはエルサレムの人々に手紙を書き送りました。それは、バビロンの王に従いなさいという主の御心に背いたために、自分たちが恥にまみれ、こうして捕囚の地にいるという悔い改めです。まるで預言者エレミヤの遺言のようです。バルクは、バビロン王ネブカドネツァルのために祈ってほしいとまで語ります。バルクの言葉は祈りへと変わり、捕囚の民に勧告と慰めをねんごろに語り伝えます。同時にまた、エルサレムに住む人々へも慰めを語っています。

ヨブ記28章のような知恵賛歌の詩文があり、また哀歌のような嘆きの詩文も含まれます。書かれたのは捕囚時代よりずっと後、おそらく紀元前後と思われます。

＝エレミヤの手紙＝

たった1章しかない手紙の書です。エレミヤ書29章はエレミヤが捕囚の民に書き送った手紙として知られていますが、この「エレミヤの手紙」はそれを模して書かれたと言われます。エレミヤという名前は偽名です。

この手紙では、エレミヤがバビロンの地にいる捕囚の民に向けて記したとされます。その内容は一貫して偶像を拝むなということです。偶像の神々は地面に倒れると、自分で立ち上がることはできない。それほど偶像は無力で滑稽だと揶揄《やゆ》されます。人間の手で造られた神々が人を救うことなどできるはずはありません。「神々の像は、きゅうり畑のかかしと同じで、何も守ることができません」（69節）とユーモアたっぷりに記されます。エレミヤ書29章でも偽りの預言が否定されますが、偶像には触れていません。

この「エレミヤの手紙」は紀元前2世紀頃、ヘレニズム時代に異邦世界で生きる人々に対して、ユダヤ教的宗教倫理を説いているのです。

＝ダニエル書補遺＝

ラテン語訳聖書のウルガタ（カトリックの公認聖書）では、ダニエル書3章23節と24節の間に「アザルヤの祈りと三人の若者の賛歌」があり、12章の次に「スザンナ」と「ベルと竜」が続きます。つまり、正典ダニエル書は12章までしかありませんが、ウルガタでは14章まであるのです。このように正典ダニエル書にはない付加部分が3つの書として、続編に含まれます。いずれも紀元前2世紀の成立と考えられます。

アザルヤの祈りと三人の若者の賛歌

アザルヤとは主人公ダニエルの3人の友人の1人です。この3人の友人は、ネブカドネツァルの造った金の像を拝まなかったために、燃える炉の中に投げ込まれました。絶体絶命です。このあと、3人が炎から救済される奇跡が王によって証言されますが、ギリシャ語訳ではここにこの書が挿入されるのです。

神が3人を炎から守り、奇跡的に助け出してくださった、その大いなる恵みを賛美する詩文です。

スザンナ

スザンナは、バビロンの地に住む敬虔で美貌のユダヤ人女性です。ある時、彼女の水浴姿をのぞき見した共同体の2人の長老が、情欲に駆られ、関係を持とうと迫りました。拒絶したスザンナは、そのために裁判にかけられ、裁判官である長老たちの不正な証言により、死刑判決を受けます。

その時、若者ダニエルが登場し、判決に異議を唱え、スザンナの無罪を勝ち取ったという物語です。

ベルと竜

ベル神と、竜神の2つの物語です。

前者は、ペルシャ王キュロスの側近であるダニエルが、バビロンの偶像神ベルの秘密を暴露する話です。ベルが供え物をすべて食べることが虚偽であることを、ダニエルは知恵によって証明しました。

後者は、バビロニア人が生ける神と信じる竜をダニエルが毒で殺したことを事の発端とする話です。怒った人々は王を動かしてダニエルをライオンの洞窟に入れました。その時、預言者ハバククが遣わされ、ダニエルは無事に洞窟から救い出されます。

ベルと竜の挿絵
15世紀ドイツの写本

エズラ記(ギリシア語)

続編にはギリシャ語とラテン語のエズラ記があり、内容はそれぞれ異なります。ラテン語訳の聖書ウルガタでは、第1エズラ記が正典のエズラ記、第2エズラ記がネヘミヤ記、第3エズラ記がこのギリシャ語エズラ記です。おそらく紀元前2世紀に成立しました。

この書は、南ユダ王国末期のヨシヤ王による過越祭の挙行から始まり、ヨシヤ王の死、ユダ王国の滅亡、バビロン捕囚、キュロスによる捕囚からの解放、神殿再建、エズラの派遣、律法の朗読という歴史が記述されます。

1章は歴代誌下35章1節から36章21節の書き写し。2章は歴代誌下36章22〜23節とエズラ記1章と4章の再述。5章7節以下はエズラ記2〜10章、ネヘミヤ記7〜8章の再述です。ギリシャ語エズラ記3〜5章だけが独自の物語記述です。

特徴的で重要なのは3〜4章の若者たちの知恵比べの物語。この世の最強は何かが問われ、王、酒、女が挙げられますが、真理が最強と認知されます。これを示した若者ゼルバベルにダレイオス王はエルサレム神殿再建を要請したのです。

エズラ記(ラテン語)

ラテン語エズラ記は、ウルガタによれば第4エズラ記です。この書は、ギリシャ語エズラ記よりずっと後に成立しました。つまりキリスト教が成立し、その影響下で成立したと考えられます。特に1〜2章、15〜16章は、キリスト者による付加と考えられています。この書はまた黙示文学としても知られています。

1〜2章は預言者エズラに主の言葉が臨んだ

という前置き。15〜16章は終末到来の予告とエズラへの勧告です。

3〜14章はエズラ（サラティエル）がエルサレム陥落（紀元前587年）の30年後に見た幻の記述。7つの幻の終末予告で、エズラの問いかけに天使が答えるという形式で記されます。これは、まるでヨハネの黙示録のような内容です。

重要なのは、7章に「わが子イエスが……現れ」「四百年の間、喜びを与える」（28節）というキリスト預言があることです。もともとはユダヤ教の文書だったようですが、紀元70年のユダヤ戦争後にキリスト教文書として最終的に成立しました。

マナセの祈り

たった1章しかない、悔い改めの祈りの言葉です。マナセとは、歴代誌下32章33節以下に記される南ユダ王国の王で、ヒゼキヤの息子です。

主に従わなかった最悪の王として知られますが、自らの罪を深く悔いて神に祈り、その祈りが聞かれたと記されます。このことが「マナセの祈り」の背景にあります。

マナセは紀元前7世紀の王ですが、この「マナセの祈り」はおそらく紀元前後に記され、マナセ王の真実な祈りとして続編に加えられました。

新約聖書27巻

●木原桂二

新約聖書の構成

歴史書〈過去〉

マタイによる福音書	使徒言行録
マルコによる福音書	
ルカによる福音書	
ヨハネによる福音書	

手紙〈現在〉

ローマの信徒への手紙	テモテへの手紙一、二
コリントの信徒への手紙一、二	テトスへの手紙
ガラテヤの信徒への手紙	フィレモンへの手紙
エフェソの信徒への手紙	ヘブライ人への手紙
フィリピの信徒への手紙	ヤコブの手紙
コロサイの信徒への手紙	ペトロの手紙一、二
テサロニケの信徒への手紙一、二	ヨハネの手紙一、二、三
	ユダの手紙

預言書〈未来〉

ヨハネの黙示録

共にいてくださる神
それは最も小さい者イエス

40 マタイによる福音書《ふくいんしょ》

はっきり言っておく。わたしの兄弟であるこの最も小さい者の一人にしたのは、わたしにしてくれたことなのである。
（25・40）

4つの福音書の最初に置かれているのがマタイ福音書です。ただし執筆年代の順では、マルコが紀元70年代、マタイとルカは80年代、ヨハネは90年代と考えられています。つまり最古のマルコ福音書でも、イエスの十字架から40年を経ています。この間に地中海地域の所々に小さな教会が生まれ、パウロの活躍もあってイエスの説いた福音も広まりつつありました。しかし同時に、イエスを直接目撃した世代は世を去っていきます。イエスの言葉と振る舞いを同世代と後世の人々に伝えるために、福音書が書かれました。

福音書記者マタイは、マルコ福音書を土台とし、加筆修正し、さらに自分が手にしていたイエスの誕生物語（1〜2章）や復活物語（28章）、イエスの説教やたとえ話を組み入れて新たな福音書を編み上げました。ルカ福音書も同様にマルコ福音書を土台として、加筆修正されています。マルコ・マタイ・ルカの3書は内容的に密接な関係があり、「共観福音書」と呼ばれます。

マタイ福音書は大きく分けると、公生涯の前史（1・1〜4・11）、ガリラヤを中心とした働き（4・12〜16・20）、エルサレムへの道（16・21〜25・46）、受難と復活（26〜28章）という構成です。全体を貫くテーマは福音書の冒頭と末尾に示されています。それは「神が共にいてくださる」という福音です（1・23、28・20）。イエスは、この福音を体現するキリスト（救い主）として描かれています。

例えば有名な「山上の説教」にもその福音を見いだすことができます（5〜7章）。病や苦しみに悩む人が、群れをなしてイエスの傍らに集まっていました（4・24〜25）。この苦しむ人々に向けて、イエスが山の上から語り出します。

その初めに、「あなたがたは幸いである」と繰り返し、大胆に宣言しています（5・3〜10）。「悲しむ人々は、幸いである」（4節）。なぜそのように言えるのかと言えば、神が共にいてくださるとき、悲しみは慰《なぐさ》めの生まれる舞台となるからです。

他方でイエスは、ユダヤ教の宗教的指導者たちを痛烈に批判しました。彼らは、自分たちの宗教的熱心さを人前で誇りながら、民衆の苦しみに寄り添うことがなかったからです（23章）。イエスはそんな人々に向けて「仕える者になりなさい」（23・11）と命じました。

さらにマタイは、神がすべての人と共にいるというだけでなく、特に困難に直面した人と共にいると伝えます。

25章31節以下は、イエスが終わりの日の審判について語る場面です。そこで救いを受けた者に対してイエスは、「はっきり言っておく。わたしの兄弟であるこの最も小さい者の一人にしたのは、わたしにしてくれたことなのである」（40節）と告げています（10・42参照）。飢えた人、病を負う人、牢にいる人など苦しんでいる人と一体化するほど近くにイエスがいてくださるのです。

そして今困窮していない者たちは、困難を受けている人と共にいることを通して、イエスと共に、つまり神と共にいるのだ、とマタイ福音書は語ります。

41 マルコによる福音書《ふくいんしょ》

ガリラヤの民衆と共に痛みと苦しみの十字架を負う救い主

イエスがこのように息を引き取られたのを見て、「本当に、この人は神の子だった」と言った。（15・39）

イエスは何者であるか（マルコ8・29）を伝記形式で伝える目的で、マルコは最初の福音書を執筆したと思われます。マルコの伝える福音は、ひとことで言えば十字架の福音です。

本書の構成は序（1・1～15）、ガリラヤを中心とした活動（1・16～8・26）、エルサレムへの道（8・27～13・37）、受難と空《から》の墓の出来事（14～16章）です。

イエスは故郷ガリラヤで、「時は満ち、神の国は近づいた。悔い改めて福音を信じなさい」（1・15）と宣教を始めます。そして漁師や徴税人を弟子とし、ガリラヤ地方を巡回しながら癒やしの業《わざ》を行いました（1・16～3・19）。

こうしてイエスの評判が広く知れ渡るようになると、それをおもしろく思わない人々が出てきます。ファリサイ派や律法学者といったユダヤの宗教者です。彼らはイエスが律法をないがしろにし、神を冒瀆《ぼうとく》していると見なして、イエスに殺意を抱くようになりました（3・6他）。

弟子たちはどうだったでしょう。ペトロは「あなたは、メシア（キリスト）です」（8・29）とイエスに信仰告白しました。イエスの福音を正しく理解しているように見えます。ところが続いて、イエスがご自分の受難と復活を予告すると、ペトロは受け入れられません。イエスはそのペトロを「サタン、引き下がれ」（同33節）と叱り、「わたしの後に従いたい者は、自分を捨て、自分の十字架を背負って、わたしに従いなさい」（同34節）と進むべき道を示しました。ヤコブとヨハネも、イエスの受難と復活の予告を聞いたにもかかわらず、神の王国の大臣になることを願い出ました。それに対しイエスは「あなたがたは、自分が何を願っているか、分かっていない」（10・38）と応じました。十字架を受け入れることの困難さが示されています。

福音書の最後に、真の信仰告白が生まれます。意外にも、イエスを十字架にかけた側であるローマの百人隊長が、イエスの死にゆくさまを見て「本当に、この人は神の子だった」（15・39）と告白したのです。彼は、他人を救っても自分を救うことに何の関心も示さない（15・29〜32）イエスの姿に、真実の救いを見たのでしょう。

理不尽な苦難である十字架を引き受けること。それは、救い主が、理不尽な苦難を背負わざるを得ない民衆と共に生きていることを示す救いのメッセージなのです。

そのイエスの死から3日目、イエスの墓を訪れた女性たちに、天使と見られる若者が告げました。「あの方は、あなたがたより先にガリラヤへ行かれる」（16・7）。イエスはガリラヤで、貧困や病のゆえに差別された民衆と神の祝福を分かち合いました。そのガリラヤでもう一度、今度は復活のイエスと出会うことができるというのです。
ガリラヤは、栄光のメシアであることを拒否し、民衆の苦難を共に担ったイエスと出会える場です。あなたが復活の主と出会う、あなたのガリラヤはどこでしょう。

新たな人生に招かれて隣人愛が広がる

42 ルカによる福音書《ふくいんしょ》

イエスは言われた。「今日、救いがこの家を訪れた」（19・9）

ルカ福音書はマルコ福音書を土台として生まれました（マタイによる福音書の項参照）。その当時、他にも多くのイエスの物語が普及していましたが、ルカも独自の福音書を書き上げました（1・1～3）。また、福音書の続編となる使徒言行録もルカの著作であると考えられています。

ルカの著作の目的は、イエスを救い主として紹介することにあります。よく知られたクリスマスのメッセージ「今日ダビデの町で、あなたがたのために救い主がお生まれになった」（2・11）にあるとおりです（1・47、同77節も参照）。

本書の構成は、イエスの誕生（1～2章）、ガリラヤを中心とした活動（3・1～9・50）、エルサレムへの道（9・51～19・27）、受難と復活（19・28～24・53）です。

ガリラヤで宣教活動を開始したイエスは、「貧しい人に福音を告げ知らせる」（4・18）と宣言しました。この福音が鮮やかに現れているのは「貧しい人々は、幸いである」から始まる説教（6・20～49）です。

マタイの山上の説教に対して、平地の説教と呼ばれます。ここでイエスは、神の国ではこの世の価値観が逆転すると宣言します。貧者や泣いている人々、迫害されている人々が幸いとされる一方で、富者や笑っている人々、そして迫害する人々は不幸であると言います。この逆転のメッセージは、ルカの特徴のひとつなのです（1・51～53参照）。

悔い改めを強調することもルカの特徴です。「わたしが来たのは、正しい人を招くためではなく、罪人《つみびと》を招いて悔い改めさせるためである」（5・32）とあるように、罪人を新たな視点へと転換させることを、ルカはイエスの働きの中心に置きました。

イエスが世で罪人とされている人を迎え入れるのを見て、ユダヤの宗教家はイエスへの批判を強めました（15・1〜2）。彼らは、世の成功者こそが神の祝福を受けていると考えたのです。

そこでイエスは、失われた存在を捜し求める神を指し示しました（同3〜32節）。失われた1匹の羊を捜し求める羊飼い、無くした1枚の銀貨を捜し求める女性、さらには失われた息子の帰りを待ちわびる父親。彼らのごとく、神は罪人が見つかるまで捜し求めます。失われた存在が見つかることこそ神の喜びなのです。

この神の意志は、イエスが徴税人の頭《かしら》ザアカイの家の客になったことにも表されています（19・5）。これを見た人々は「あの人は罪深い男のところに行って宿をとった」（同7節）とイエスを非難します。しかし神の愛によって発見されたザアカイは、「主よ、わたしは財産の半分を貧しい人々に施します」（同8節）と隣人愛の実践を宣言しました。罪人を捜し求める神の救いの業《わざ》は、その愛を受け入れた人に新たな視点を与えるのです。ザアカイの決意を受けてイエスは「今日、救いがこの家を訪れた」（同9節）と語りました。イエスは今も、失われた魂を捜し求めています。

いのちの言葉を与えられ
互いに愛し合って生きる

43 ヨハネによる福音書《ふくいんしょ》

神は、その独り子をお与えになったほどに、世を愛された。

（3・16）

ヨハネ福音書は紀元90年代に成立したと考えられています。ヨハネは、共観福音書（マタイ・マルコ・ルカ）とは異なる資料を用いて、独自の視点からイエスの生涯を描く福音書を編み上げました。

構成は、序（1・1〜18）、イエスのしるし（1・19〜12・50）、弟子たちとの別離（13・1〜17・26）、受難と復活（18・1〜20・29）、結語（20・30〜31）、復活のエピソードの補遺（21章）です。

ヨハネ福音書の特徴のひとつは冒頭に見られます。「初めに言《ことば》があった。……万物は言《ことば》によって成った」（1・1、3）という始まりは、ヨハネ独自のものです。ヨハネは、神の創造の業《わざ》（創世記1・1〜5）とイエスの業《わざ》を関連づけ、「暗闇」に命の光を照らす神の言《ことば》としてイエスを紹介します（1・1〜5）。

続いて洗礼者ヨハネがイエスを見て、「世の罪を取り除く神の小羊」（1・29）であると言います。暗闇の世界を救う神の子イエスの役割を予告したのです。

偉大な業《わざ》の行為者であるイエスを強調することも、ヨハネの特徴です。

イエスは弟子を迎え入れ、天地創造の7つの日に合わせるように7つのしるしを示しました。婚宴の席で水をぶどう酒に変え（2・1〜11）、役人の息子をいやし（4・46〜54）、歩けなかった人を歩かせ（5・1〜9）、5千人と共に食し（6・5〜13）、荒れる湖の上を歩き

（6・16〜20）、目の見えない人を見えるようにし（9・1〜7）、死んだラザロを甦《よみがえ》らせた（11・1〜44）のでした。

ヨハネ福音書は、これらのイエスの奇跡を「しるし」と呼び、神から与えられた「光」として示します。これを見て信じることを求めたのです（12・35〜37）。

いったい、しるしを見て信じるとはどういうことでしょうか。イエスとファリサイ派の議員ニコデモとの会話（3・1〜21）に、そのヒントが示されています。夜の闇を歩んでいたニコデモは、イエスのしるしに光を見いだしたいと考えました（同2節）。イエスは、そんな彼に対して「新たに生まれ

なければ、神の国を見ることはできない」(同3節)と教えます。

それでも理解できないニコデモに、イエスは「水と霊《れい》とによって生まれなければ、神の国に入ることはできない」(同5節)と補足しました。「水と霊」、それは神から与えられる自由を指し示すと考えられます。

「霊」の原語は息や風を意味しており、神の創造の業《わざ》にも現れます(創世記1・2)。つまりこの「霊」は、新しい何かを創り出す、神の命が躍動する風のようなイメージなのです。「あなたは命の風である霊に自らを委ねて自由になりなさい。そうすればしるしを受け入れられる」。これが、律法の行いに束縛されていたファリサイ派のニコデモに必要なメッセージでした。

神の霊に委ねること、それは神の愛に自らを委ねることに通じます。「神は、その独り子をお与えになったほどに、世を愛された」(3・16)。この愛に委ねて生きる者には新しい掟が与えられます。「わたしがあなたがたを愛したように、互いに愛し合いなさい。これがわたしの掟である」(15・12。13・34〜35、15・17も参照)。

44

復活の主と共に民族を超えた共食へ

使徒言行録《しとげんこうろく》

割礼を受けている信者で、ペトロと一緒に来た人は皆、聖霊の賜物が異邦人の上にも注がれるのを見て、大いに驚いた。（10・45）

使徒言行録は、ルカ福音書と同じ著者による続編（1・1〜2）であると考えられています。執筆時期は紀元80年代後半頃で、イエスが世を去った後の時代を生きる使徒たちの活躍と教会の誕生を描いています。

本書の構成は、エルサレム教会の誕生（1・1〜8・1a）、ユダヤ・サマリア伝道（8・1b〜9・31）、異邦人の教会加入（9・32〜12・25）、パウロの伝道旅行記（13・1〜28・31）です。

「地の果てに至るまで、わたしの証人となる」（1・8）と、復活のイエスから告げられた弟子たちは十字架事件のあったエルサレムに集結し、使徒として再出発することになりました（1・12以下）。彼らは約束の聖霊（1・4～5）を受けて（2・2～4）、そのような勇気を持つことができたのです。

逮捕されたイエスを見捨てて逃げた弟子ペトロでさえも力強く福音を証しするようになり、多くの人が仲間に加えられました（2・14～42）。また集会では、イエスを思い起こす「パン裂き」と共同の食事によって、主の愛による結束力を強めていきました（2・43～47）。

その一方、自由で活気あふれる教会の交わりは、伝統的なユダヤ教の反感を買いました。エルサレム神殿を批判したステファノは迫害されて殉教し、エルサレムの教会も荒らされました（6・8～8・3）。ところが、この迫害の先頭に立っていたサウロ（パウロ）が回心して教会に受け入れられます（9・1～19a）。このように教会は「敵を愛し、あなたがたを憎む者に親切にしなさい」（ルカ6・27）と告げられていた主の言葉を実践したので、さまざまな民族の人たちから信頼を得るようになります。

その中の1人、ローマの百人隊長コルネリウスの加入は、教会にとって画期的な出来事になりました。異邦人が割礼を受けないで、つまりユダヤ教徒になることなく、教会の仲間に加えられたからです（10章）。ルカによれば、イエスは「異邦人を照らす啓示の光」（ルカ2・32）です。しかしペトロを含む使徒たちがユダヤの伝統を乗り越えて異邦人を受け入れるのは、決して簡単なことではありませんでした。しかし、ついにその時がやってきたのです。

ペトロは「神が清めた物を、清くないなどと、あなたは言ってはならない」（10・15）という主の言葉を耳にすると、心を変えて「神は人を分け隔てなさらない」（10・34）と考えるようになり、コルネリウスを仲間として迎えました。そして、このペトロの報告を聞いた教会も、異邦人に与えられた信仰に至る回心を喜んだのです（11・1〜18）。

しばしば人は、凝り固まった心によって自分の考えを絶対化したり、他の民族や集団を差別したりすることがあります。しかしペトロやパウロは聖霊によって心を変えられ、他民族や敵と仲間となり共に食事できる開かれた関係になりました。この恵みが、今も教会に働いているのです。

信仰によって義とされ
恵みを実践する者として生きる

45 ローマの信徒《しんと》への手紙《てがみ》

喜ぶ人と共に喜び、泣く人と共に泣きなさい。（12・15）

ローマの信徒への手紙は、ローマの教会に宛てた使徒パウロの書簡の1つです。執筆時期は紀元56年頃で、パウロはローマの教会への訪問を切に願いながら（1・10）、この手紙で福音の中心を告げ知らせようとしました（同15節）。それは、ユダヤ人だけでなく異邦人をも救いに導く信仰として語られています（同16節）。

本書の構成は、あいさつ（1・1～17）、福音の理解（1・18～11・36）、倫理的な勧め（12・1～15・33）、結語（16・1～27）です。

最初にパウロは、ユダヤ人とはどのような民かを説明しました。ユダヤ人は、神から与えられた律法を誇りとして生きています（2・17〜18）。しかしパウロは、だからユダヤ人は優れている、とは言いません。律法を守れる人は誰もいないので、ユダヤ人を含むすべての民が罪の下にあるからです（3・9）。

それを確認した上でパウロは、救われるためには信仰が必要であると主張しました。その実例として、モーセの律法がなかった時代に、アブラハムが信仰によって義とされたことを示します（4章）。律法を行えば義とされると考えるのではなく、信じることによって義とされたアブラハムの信仰に倣うようにと、パウロは勧めました。

それでは一体、信仰とはどのようなものなのでしょうか。

その核心について、パウロは次のように説明しました。「不信心な者を義とされる方を信じる人は、働きがなくても、その信仰が義と認められます」（4・5）。ともすれば多くの人は、正統な信仰や立派な信仰、あるいは強い信仰が必要であると考えがちです。ところがパウロは、「不信心な者の信仰」という、一見、矛盾したような信仰について語ったのです。

なぜならパウロは、不信心な人々のために死なれたキリストに神の愛を見たからです

（5・5〜8）。つまり、罪人に愛を注ぐ神の恵みがすべてに先立つということです。この恵みの前にあっては、わたしたちが正しい信仰や正しい行いだと思っていることに何の意味もありません。ただ、不信心な人々に注がれている恵みを信じる信仰だけが必要なのです。パウロは、この信仰が義と認められると言います（4・24）。

手紙の後半部分（12章以降）では、この神の恵みへの信頼が、隣人愛を実践する原動力になっていくと語られます。互いに愛し合い、主に仕え、希望をもって祈り、貧しい人と痛みを分かち合い、迫害する者のために祝福を祈るようにと、パウロは勧めます（12・9〜14）。その究極の教えが「喜ぶ人と共に喜び、泣く人と共に泣きなさい」（同15節）という言葉に集約されています。

愛される資格のない罪人の自分が、神の愛という絶大なる恵みを与えられている。このことへの信頼と感謝と喜びに満ちあふれているなら、どうして隣人を愛さずにいられるでしょうか。「だから、神の栄光のためにキリストがあなたがたを受け入れてくださったように、あなたがたも互いに相手を受け入れなさい」（15・7）。不信心な人々に与えられた福音の恵みを信じて、隣人と共に生きる平和の道を求めたいものです。

世の知恵に頼らず
十字架の愚かさを誇る

46 コリントの信徒《しんと》への手紙《てがみ》一

体の中でほかよりも弱く見える部分が、かえって必要なのです。
（12・22）

コリントの信徒への手紙一は、使徒パウロが第2回伝道旅行の際に設立したコリントの教会に宛てた書簡です。執筆時期は紀元54年頃で、パウロは教会内に起きた紛争（1・10）をはじめ、教会のさまざまな問題に助言を与えようとしました。

本書の構成は、あいさつ（1・1～9）、紛争問題への助言（1・10～4・21）、倫理的な勧め（5・1～11・1）、礼拝と集会について（11・2～15・58）、エルサレムの教会への募金・旅の計画・結語（16・1～24）です。

イエスが世を去ってから20年以上もの年月が過ぎた頃の教会内には、さまざまな主張が入り乱れていました。コリントの教会は、パウロ派、アポロ派、ケファ（ペトロ）派、キリスト派に分裂し、それぞれが優劣を競い合っていました（1・12）。彼らは「十字架の言葉」ではなく、人間の能力や知恵を崇拝するようになっていたのです。

そこでパウロは「十字架の言葉は、滅んでいく者にとっては愚かなものですが、わたしたち救われる者には神の力です」（1・18）と語りました。世の人々の目から見れば、イエスは

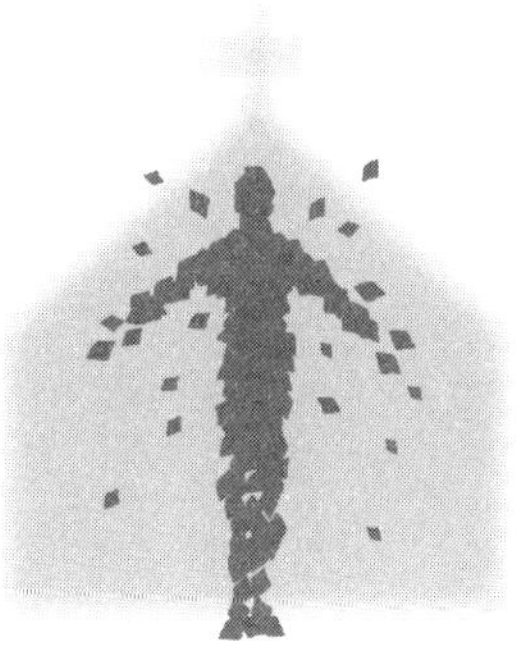

十字架によってすべてを奪われた弱い人にすぎません。しかし神は、十字架のイエスをキリスト（救い主）としたのです。この福音は、優劣を競う人々を恥じ入らせ、無力な人々を救う神からのメッセージとして意味を持ちます（1・26～31）。

またパウロの教えは、バラバラになった教会が1つのキリストの体として立ち直る原動力になります。1人の人間の体には、足や手、耳や目といった異なる機能を果たす

部分がありますが、互いに優劣を競い合うことなく、協力して1つの体を形成しています（12・12〜21）。そして、もしも体の中にほかよりも弱い部分があれば、体はその部分の痛みを共有し、体全体でカバーします（12・22〜26）。

だからパウロは、十字架のキリストの体である教会も、そのようであってほしいと、語りました。さて、わたしたちの教会はどうでしょうか。

47 コリントの信徒《しんと》への手紙《てがみ》二

貧しくなったイエスと出会い弱さの中で発揮される恵みに生きる

すると主は、「わたしの恵みはあなたに十分である。力は弱さの中でこそ十分に発揮されるのだ」と言われました。（12・9）

コリントの信徒への手紙二は1通の手紙ではなく、複数の手紙を合成したものであるとの見方もありますが、いまだにその結論は出ていません。執筆時期は紀元54〜55年頃で、パウロは教会との間に生じた軋轢《あつれき》や誤解を解決して、関係を修復しようとしました。

本書の構成は、あいさつ（1・1〜2）、訪問延期の弁明（1・3〜2・13）、使徒の務めについて（2・14〜5・10）、神との和解の勧め（5・11〜7・4）、和解の知らせ（7・5〜16）、献金の勧め（8・1〜9・15）、偽りの福音との対決（10・1〜13・13）です。

さまざまな要素が入り混じった手紙ですが、パウロの使徒としての資質が疑われていた問題に着目しましょう。パウロがコリントの教会に抱いていた愛の大きさは「わたしは、悩みと愁いに満ちた心で、涙ながらに手紙を書きました」（2・4）という言葉からうかがい知ることができます。ところがコリントの教会の人々は、そのようなパウロを見下すようになっていました。

たとえば、彼らはパウロの立場にお墨付きを与えたのは誰なのかを問題にしたり（3・1）、パウロの言葉に心を閉ざしたりしました（6・12）。パウロは神ではなく人の思いを優先して行動しているとか（10・1〜2）、パウロは弱々しく話がつまらない（同10節）と悪口を言う人々もいたということです。

しかしそれでもパウロは、自分を立派な人物と見せようとは思いませんでした。パウロが誇りとする主は（同17節）、「豊かであったのに、あなたがたのために貧しくなられた」（8・9）方だからです。その信仰によってパウロは、「わたしの弱さにかかわる事柄を誇りましょう」（11・30）と言いました。

使徒としての活動の中で、パウロは迫害をはじめ、難船や盗難、偽信徒にだまされることもあったと言います（11・16〜29）。これら数々の苦難を経た結果、自分の弱さを恥じ、自分の身にふりかかる「一つのとげ」を取り去ってほしいと祈るほどでした（12・7〜8）。けれどもパウロは、その「とげ」という弱さこそが神の恵みであると知らされたのです（同9節）。

「キリストは、弱さのゆえに十字架につけられましたが、神の力によって生きておられる

のです」（13・4）。弱さを恥じ、強さを求め、パウロを見下したコリントの人々は、この福音の言葉をどのように受け止めたでしょうか。弱さの中で力を発揮してくださる神を信じる教会になりたいものです。

48 ガラテヤの信徒《しんと》への手紙《てがみ》

十字架のイエスを誇り 愛と自由と解放に生きる

ユダヤ人もギリシア人もなく、奴隷も自由な身分の者もなく、男も女もありません。……皆、キリスト・イエスにおいて一つだからです。（3・28）

ガラテヤの信徒への手紙は、使徒パウロが第2回伝道旅行の際に訪問したガラテヤ地方の教会に宛てた書簡です。執筆時期は紀元54年頃で、パウロは教会に入り込んでいたユダヤ主義（異邦人に割礼《かつれい》を求めるあり方）に対して、キリストの十字架の福音を信じるように促しました（6・12〜15）。

本書の構成は、あいさつ（1・1〜5）、異なる福音への批判（1・6〜2・14）、信仰義認について（2・15〜3・20）、奴隷から自由へ（3・21〜5・1）、十字架の愛に生きる（5・2〜6・18）です。

パウロは、異邦人に福音を告げ知らせる使徒であると自認していました（2・8）。その際、パウロは異邦人に割礼を強いるべきではないと考えていました。神は人を分け隔てしないという確信があったからです（同6節）。ところが、あるとき教会にユダヤ主義者が入り込んできました（同4節）。パウロは、彼らに屈服したりしないように注意を払っていたと言います（同5節）。それなのにケファ（ペトロ）は、ユダヤ主義者たちの目を気にして、異邦人との食事の際に席を外してしまいました（同12節）。パウロは、この態度を福音の真理に背くものと理解し、ケファに注意を促したのです（同14節）。

このように、割礼を受けた人としか交わりができないと考える姿勢は、パウロにとっては捕らわれの身、奴隷と同じであり、キリストの恵みに背くものでもありました（5・4）。

キリストの福音が、わたしたちを自由にするものであることを見失ってはなりません（同1節）。その自由によって、わたしたちは民族や社会的立場の違いを超え、さらには性差をも克服して仲間になることができるからです（3・28）。十字架の福音に、このような平和をもたらす力があることを信じたいものです（6・14〜16）。

49

敵意から平和へ
光の子として生きよう

エフェソの信徒《しんと》への手紙《てがみ》

あなたがたは、以前には暗闇でしたが、今は主に結ばれて、光となっています。光の子として歩みなさい。（5・8）

エフェソの信徒への手紙の著者は使徒パウロを名乗っていますが、本人が書いたものではないとの説が有力です。執筆時期は紀元80～90年頃で、著者は教会に対してキリストによる一致を求め、信仰者としての生き方について教えています。

本書の構成は、あいさつ（1・1～2）、キリストによる一致（1・3～4・16）、キリスト者の生き方について（4・17～6・20）、結びのあいさつ（6・21～24）です。

使徒パウロの活躍のおかげで、初期の教会は異邦人を仲間として加えるようになっていきました（ガラテヤ5・6）。その影響で、エフェソの教会でもユダヤ人と異邦人の交わりが実現します。「十字架を通して、両者を一つの体として神と和解させ、十字架によって敵意を滅ぼされました」（エフェソ2・16）。こうしてイエスと弟子たち、そして使徒パウロたちの蒔いた種が芽を出し、福音による平和が実り始めていきました（4・16）。

しかしそれでも、福音を信じる以前の生活に戻ってしまうことを警戒する必要があります（同17～24節）。この世には、福音の真理に反するものが満ちているからです。たとえば、盗みや悪口（同28～29節）、人を不快にさせる性的な発言（5・3～4）があります。手紙の著者は、これらの行いを偶像礼拝であると言いました（同5節）。この世に惑わされ、暗闇に引きずり込まれてはならないのです（同6～8節）。

著者は、エフェソの教会の信徒に向けて励ましの言葉を語りました。あなたがたは神に愛されている子どもなのだから（5・1）、この愛によって歩み、神に感謝することによって、キリストと神の国を受け継ぐことができると言います。そして、あなたがたは「今は主に結ばれて、光となっています。光の子として歩みなさい」（同8節）と呼びかけています。

闇の世を生き抜く力を与える祝福の言葉を受けて、わたしたちも主の愛によって歩んでいきましょう。

へりくだりのイエスを信じる
喜びの共同体を求めて

50 フィリピの信徒《しんと》への手紙《てがみ》

あなたがたの広い心がすべての人に知られるようになさい。主はすぐ近くにおられます。（4・5）

フィリピの信徒への手紙は、使徒パウロが第2回伝道旅行の際に設立したフィリピの教会に宛てた書簡で、3通の手紙の集合体であるとの見方が有力です。執筆時期は紀元54～62年頃で、パウロは親密な関係にあったフィリピの教会に、キリストの福音によって喜ぶことを勧めました。

本書の構成は、あいさつと感謝の祈り（1・1～11）、獄中にあるパウロの信仰（1・12～30）、へりくだりの主との一致の勧め（2・1～3・1）、反対者についての警告と福音の本質（3・

2〜4・1)、喜びの勧め・感謝・結びのあいさつ（4・2〜23）です。

使徒パウロは迫害による投獄の中にあって、フィリピの教会の信仰を励ますために手紙を書き記しました（1・7）。教会の中には、パウロの苦難を知って落ち込む人がいたかもしれません。しかしパウロは投獄さえも福音を語る絶好の機会であると理解して（同12〜18節）、キリストの福音が実ることだけを求めたのです。

このパウロの信仰を支えたのは、へりくだりに生き抜いて十字架にかけられたイエスをキリスト（救い主）にされた神の業《わざ》でした（2・6〜11）。神と等しくあろうとせず、人間の姿をとり、僕《しもべ》として生きられたイエスは十字架の死に至りました（同6〜8節）。しかしパウロは、神がこのイエスを高く引き上げられたと信じることによって（同9節）、自分の身にふりかかっている投獄の苦難でさえも神の救いの計画の中にあると理解したのです。

パウロにとって、へりくだりのイエスは生きる力そのものでした。だからこそパウロは、この信仰をフィリピの教会の仲間と分かち合おうとします。主イエスのように「へりくだって、互いに相手を自分よりも優れた者と考え、めいめい自分のことだけでなく、他人のことにも注意を払いなさい」（同3〜4節）と教えています。

このような主の愛の分かち合いは、喜びをあふれさせます。「主において常に喜びなさい。重ねて言います。喜びなさい」(4・4)。わたしたちが絶望を感じるときにも、常にへりくだりの主が共におられて励ましてくださいます(同5節)。

この福音に力づけられて、わたしたちの教会も喜びつつ前進していきます。

51 コロサイの信徒《しんと》への手紙《てがみ》

キリストと共に死に、共に生きる
愛と平和への招き

主があなたがたを赦してくださったように、あなたがたも同じようにしなさい。(3・13)

コロサイの信徒への手紙の著者は使徒パウロを名乗っていますが、本人が書いたものではないとの説が有力です。執筆時期は紀元80年代で、著者は人を惑わせる思想や習慣に心揺さぶられる信徒を、キリスト教本来の教えに導こうとしています。

本書の構成は、あいさつ・感謝・祈り（1・1〜14）、神の子による神との和解（1・15〜23）、福音の務め（1・24〜2・3）、危険な教えについて（2・4〜23）、キリストと共にある信仰の生活（3・1〜4・6）、結びのあいさつ（4・7〜18）です。

手紙の著者はコロサイの教会と面識がなかったのですが（2・1）、教会の信仰が危機にさらされているとの情報を得て、手紙を書き送りました。たとえば、だまし事の哲学（同8節）、ユダヤ教の習慣への執着（同16節）、禁欲主義（同23節）に捕らわれている信徒がいたと伝えられています。知識の獲得、習慣の実践、苦行に魅力と手ごたえを感じる人たちがいたのでしょう。

そこで著者は、世を支配するもろもろの霊から解放されてキリストに結ばれて歩むように勧めました（同6～8節）。あなたがたは「洗礼によって、キリストと共に葬られ、また、キリストを死者の中から復活させた神の力を信じて、キリストと共に復活させられたのです」（同12節）と言います。

つまり、キリストと共に新たに生まれ変わった者として生きることが重要であるというのです。わたしたちは罪の中に死んだも同然である。しかし、そのわたしたちの罪を赦して新たに生きる者とするために、神はキリストの十字架によって罪の証書を破棄してくださった（同13～15節）。だから、このキリストの解放の業《わざ》にしたがっていくようにと、著者は勧めています。

この信仰によって、キリスト者は新たに生まれ変わります。キリストと共に復活させられた人は、民族や国籍、社会的な身分から解放されて生きることができます（3・1～11）。また、主の赦しは、わたしたちを互いに赦し合って生きるようにしてくださいます（同13節）。互いに愛し合い、平和によってすべての人と共に生きられるのは、この信仰があるからです（同14～15節）。

わたしたちも、主と共にある平和によって歩んでいきましょう。

主の来臨を待望し
目覚めて生きる

52 テサロニケの信徒《しんと》への手紙《てがみ》一

いつも喜んでいなさい。絶えず祈りなさい。どんなことにも感謝しなさい。（5・16〜18）

テサロニケの信徒への手紙一は、使徒パウロが第2回伝道旅行のコリント滞在中に書いた書簡と考えられています。執筆時期は紀元50年頃で、パウロはキリストの再臨に関する教会からの質問に答えようとしました。

本書の構成は、あいさつ（1・1）、感謝と励まし（1・2〜3・13）、神に喜ばれる生活（4・1〜12）、キリストの再臨の希望（4・13〜5・11）、祈りと感謝の勧め・結びのあいさつ（5・12〜28）です。

テサロニケの教会は、偶像を捨て生ける神へと立ち帰った信仰者たちの教会です（1・9）。彼らは信仰を持つ際、迫害されて困難を耐え忍びましたが（2・14）、マケドニアとアカイア全土の信徒の模範になっていきました（1・7）。パウロは、そんな彼らの信仰に心からの喜びと感謝の思いを抱いたのです（3・1〜10）。

ところがテサロニケの信徒たちは、イエスの再臨について不安に感じていました。当時の信徒たちは、自分たちが生きているうちに主が来臨すると信じていたので（4・15）、先に眠りにつ

いた仲間がどうなってしまうのか心配になったのです（同13節）。そこでパウロは、来臨の時には彼らが先に復活し、それに続いて自分たちが復活にあずかり、皆が主と共にいるようになるから安心しなさいと語って励ましました（同15～18節）。

パウロは、「わたしたちはいつまでも主と共にいることになります」（4・17）という希望の言葉がテサロニケの信徒の生きる力になると確信していました。この希望を抱く人は、希望を持たない暗闇の人たちと異なり、光の子・昼の子として目覚めて生きることができます（5・4～11）。「互いに平和に過ごしなさい」（同13節）というパウロの教えは、この希望が原動力になっています。

わたしたちも、主が共にいてくださるという希望を見失ってはなりません。「いつも喜んでいなさい。絶えず祈りなさい。どんなことにも感謝しなさい」（5・16～18）との語りかけは、この世の暗闇に飲み込まれそうな不安に襲われる、わたしたちへの励ましの言葉です。光の子とされている恵みに感謝して信仰生活を送りましょう。

53 テサロニケの信徒《しんと》への手紙《てがみ》二

荒れた時代の中で
祈りと愛、忍耐によって生きる

主は真実な方です。必ずあなたがたを強め、悪い者から守ってくださいます。（3・3）

テサロニケの信徒への手紙二は、使徒パウロを名乗っていますが、本人が書いたものではないとの説が有力です。執筆時期は紀元60年代後半頃で、主の来臨を信じる人の生き方について語られています。

本書の構成は、あいさつ（1・1～2）、主の来臨と裁きについて（1・3～12）、偽りの再臨理解への警告（2・1～12）、神への感謝と祈り（2・13～3・5）、怠惰な生活への警告（3・6～15）、結びのあいさつ（3・16～18）です。

手紙の著者は、テサロニケの教会の信徒たちが、あらゆる種類の迫害と苦難を受けながらも信仰をもって耐え忍んでいることを感謝します（1・3〜4）。そんな彼らを励ますために、再臨の主イエスが信徒たちに休息を与えて報いてくださると語りました（同7節）。一方で、彼らを苦しめる者たちには罰があると言います（同8節）。

暴力をふるう者が勝利者であるかのように見えても、主が来られる終わりの時にはすべてが逆転するでしょう。しかし著者は、それでも油断をしてはならないと警告しました。主の日はすでに来てしまったと言いふらし（2・2）、自分こそが神であると宣言する不法の者が現れるかもしれないからです（同4節）。

暴力がはびこる荒れた時代を生きた人々は、その苦しみの中で再臨への待望を強くしました。しかしその信仰が逆に焦りとなり、主の日（終わりの時）はすでに来たと思い込み、神の座につこうとする偽りの支配者に惹かれてしまう危険があったのです。確かに、歴史を振り返ると、そのようなことが幾度となく繰り返されてきました。

その過ちを繰り返さないためにも、神の救いを信じて祈り、愛と忍耐によって生きる必要があります（3・1〜5）。どんなに苦しい状況が続いたとしても、真実である主がわたししたちの信仰を強め、必ず悪から守ってくださると信じ（同3節）、慌てず騒がず、今日なすべき務めを果たして落ち着いた生活をしたいものです（同12節）。わたしたちも、主の愛と救いを信じて、一歩一歩、主と共に歩んでいきましょう。

54-55

終わりの時を見据えて
救いの確信に生きる

テモテへの手紙《てがみ》一、二

御言葉を宣《の》べ伝えなさい。折が良くても悪くても励みなさい。

（Ⅱ4・2）

テモテへの手紙一、二（以下Ⅰ、Ⅱと表記）も、使徒パウロを名乗っていますが、本人が書いたものではないとの説が有力です。執筆時期は紀元1世紀末頃で、パウロが弟子テモテに個人的な勧めを書き送ったという体裁で書き記しています。

手紙一の構成は、あいさつ（1・1〜2）、異なる教えへの警告（1・3〜20）、教会の秩序・組織・奉仕者（2・1〜4・16）、教会の人々への関わりについて（5・1〜6・2a）、異なる教えとの戦い（6・2b〜21）。

手紙二は、あいさつ（1・1〜2）、福音を守り抜く（1・3〜2・26）、偽りの教えとの戦い（3・1〜4・8）、個人的な指示と結びのあいさつ（4・9〜22）です。

新約聖書が書かれた時代には、もうすぐ世の終わりが到来すると考えられていました。多くの人は不安に感じていたことでしょう。しかしキリスト者にとって、その日は主イエスが再び来られる救いの日でもありました（Ⅰテサロニケ2・19、Ⅰコリント15・24）。キリスト者は、不安を抱きながらも希望の日を持ち望んでいたのです。

とはいえ、不安におののき動揺する信徒もいました。著者は、そんな人々が惑わされないように警告を発しました。

終わりの時には、偽りを語って信仰者を惑わし、禁欲主義を押し付ける偽善者が現れるでしょう（Ⅰ4・1〜3）。さらに、終わりの時の困難に耐えられなくなって信仰を否定し、欲望に捕らわれて快楽に走り、情け容赦なく残忍な生き方をする人々が現れるとも言いました（Ⅱ3・1〜9）。

破局的な終末を考える人は、いつの時代にもいます。しかし、だからこそ聖書が語る救いの確信が必要です（同14〜15節）。聖書は、キリストが死者の中から復活されたということ（Ⅱ2・8）、そしてキリストと共に死ぬわたしたちはキリストと共に生きる（同11節）という救いの恵みを伝えてくれています。

著者は「この福音のためにわたしは苦しみを受け、ついに犯罪人のように鎖につながれています。しかし、神の言葉はつながれていません」（同9節）と、励ましの言葉を語りました。揺るがぬ救いの恵みこそが、今の時代を生きるわたしたちの力です。「折が良くても悪くても」（Ⅱ4・2）、主の救いの言葉に希望を抱き、福音を伝えてまいりましょう。

永遠の命を受けて
希望に生きる

56 テトスへの手紙《てがみ》

こうしてわたしたちは、キリストの恵みによって義とされ、希望どおり永遠の命を受け継ぐ者とされたのです。（3・7）

テトスへの手紙の著者は使徒パウロを名乗っていますが、本人が書いたものではないとの説が有力です。執筆時期は1世紀末頃で、著者はパウロの弟子テトスに個人的な勧めを書き送ったという体裁で書き記しています。

本書の構成は、あいさつ（1・1〜4）、クレタ島でのテトスの役割（1・5〜16）、健全な教えについて（2・1〜15）、善き業《わざ》の勧め（3・1〜11）、結びのあいさつ（3・12〜15）です。

手紙の受取人とされているテトスはギリシャ人、つまり異邦人のキリスト教徒でした。最初期の教会において、異邦人に割礼が必要であるかどうかが議論になったので、テトスはパウロに連れられて主だった人々に会うためにエルサレムに行きました（ガラテヤ2・1）。その時、テトスは割礼を強要されることはなく（同3節）、パウロも異邦人に対する宣教が認められた（同7節）と伝えられています。

手紙の著者は、クレタ島にいるテトスに向けて、特にユダヤ人の中に多く見られるパウロの福音への反対者（テトス1・10〜11）に対処する方法を語っています。著者によれば、彼らは「神を知っていると公言しながら、行いではそれを否定している」（同16節）人々でした。たとえば、人を惑わし家庭を壊していると伝えられています。そんな彼らに対処するため、著者はテトスに「健全な教えに適うことを語りなさい」（2・1）と助言します。特に、誰に対しても「常に忠実で善良であること」（同10節）を求めています。

しかし著者によれば、これらの良い行いは救いの手段ではありません。「神は、わたしたちが行った義の業《わざ》によってではなく、御自分の憐れみによって、わたしたちを救ってくださいました」（3・5）。人々に救いをもたらす神の恵み、すなわちイエス・キリストの贖《あがな》いに希望を抱くからこそ、良い行いに熱心になれるのです（2・11〜15）。

このように、キリストの恵みによって義とされるという希望が、永遠の命にふさわしい隣人愛の原動力になります（3・7）。わたしたちの希望と信仰が愛に結びつくことを信じて歩んでまいりましょう。

57 フィレモンへの手紙《てがみ》

愛をもって仲間と共に生きる

だから、わたしを仲間と見なしてくれるのでしたら、オネシモをわたしと思って迎え入れてください。（17節）

フィレモンへの手紙は、使徒パウロが獄中から書き送った唯一の個人的な書簡です。執筆時期は紀元54～55年頃で、パウロは主人フィレモンのもとから逃亡した奴隷オネシモを執《と》り成《な》すために執筆しました。

本書の構成は、あいさつ（1～3）、感謝と祈り（4～7）、オネシモのための執《と》り成《な》し（8～22）、結びのあいさつ（23～25）です。

「兄弟よ、わたしはあなたの愛から大きな喜びと慰めを得ました」（7節）というパウロの言葉から、彼とフィレモンの信仰的なつながりの深さをうかがい知ることができます。遠く離れていても、パウロは彼が教会の仲間を愛しているという話を耳にして（5節）、感謝と喜びにあふれていました。

しかし、パウロはフィレモンに対して不満に感じることがありました。フィレモンは、自分の奴隷オネシモを役に立たない者と見なしていたからです（11節前半）。しかもオネシモは、主人フィレモンのもとから逃亡し、投獄中のパウロのそばに来ていました（13節）。パウロは、そんな2人の関係を修復させるために、オネシモを彼に送り返そうと考えたのです。

その際、パウロはフィレモンに「あなたのなすべきことを、キリストの名によって遠慮なく命じてもよいのですが、むしろ愛に訴えてお願いします」（8～9節）と言っています。この時オネシモはパウロのもとで成長していたので、彼をフィレモンのもとに送り返しても文句を言われないだろうと推測していました（11節後半）。けれどもパウロは、命じて和解させたくなかったのです。「あなたのせっかくの善い行いが、強いられたかたちでなく、自発的になされるようにと思うからです」（14節）。パウロは、フィレモンが自ら進んでオネシモを受け入れる愛を期待しました。フィレモンがキリストによる信仰仲間としての愛があれば、この世における主人と奴隷という身分の違いを超えて信仰の友になることができるからです（16節）。

このエピソードは、現代を生きるわたしたちにとって、大きな励ましになるのではないでしょうか。この世界では能力や社会的身分が重んじられるので、人間関係に格差や断絶が生じがちです。しかしそれを乗り越えることのできるキリストの愛が与えられています。その喜びと感謝に生きる信仰者になっていこうではありませんか。

試練の中を歩まれた
イエスの道を行く

58 ヘブライ人《じん》への手紙《てがみ》

だから、わたしたちは、イエスが受けられた辱《はずかし》めを担い、宿営の外に出て、そのみもとに赴《おもむ》こうではありませんか。（13・13）

ヘブライ人への手紙は、書簡の体裁をとっていますが、無名の著者による説教集であると考えられます。執筆時期は紀元80～90年頃とされていますが、正確なところは不明です。

本書の構成は、天使にまさるイエス（1・1～2・18）、モーセにまさるイエス（3・1～10・18）、信仰と試練への招き（10・19～12・29）、神に喜ばれる生き方（13・1～19）、結びの言葉（13・20～25）です。

この著者のイエス理解は他の新約文書と異なり、イエスを大祭司と見なす点に大きな特徴が見られます（2・17、4・14、5・10、6・20）。しかしイエスは、動物を犠牲とするユダヤの大祭司と違って、自分自身をささげて罪を贖《あがな》う唯一の存在であると言われています（9・24～26、10・11～18）。

つまり、イエスは犠牲の動物のような身代わりではなく、むしろ罪を犯して生きざるを得ない人々の苦しみと弱さを共に担って試練に遭われた方であるというのです（2・18、4・15、5・7）。

もちろん「あなたがたはまだ、罪と戦って血を流すまで抵抗したことがありません」（12・4）と言われているように、わたしたちは罪の重荷を避けたいと思いがちです。しかし試練の時も、イエスがわたしたちと共に生きてくれるから大丈夫であるとのメッセージを信じて、罪ある厳しい現実を生きてほしいと、著者は願っています。

その上で「イエスが受けられた辱《はずかし》めを担い、宿営の外に出て、そのみもとに赴《おもむ》こうではありませんか」（13・13）と、著者はわたしたちに呼びかけています。

「宿営の外」は安定した場所ではなく、いつ何が起こるかわからないところです。それは、不安定なわたしたちの人生の途上にたとえられるでしょう。しかし、そこにこそ十字架のイエスがおられ、わたしたちと共に試練を受けてくださるのです。

生きた信仰を求めて
み言葉を行う者になる

59 ヤコブの手紙《てがみ》

行いが伴わないなら、信仰はそれだけでは死んだものです。（2・17）

ヤコブの手紙の著者については諸説ありますが、主の兄弟ヤコブ（使徒12・17、ガラテヤ2・9）を名乗る人物であると考えられています。執筆時期は紀元1世紀末頃で、パレスチナ以外の地に在住するキリスト者に向けて（1・1）、行いの伴う信仰の意義について語っています。

本書の構成は、あいさつ（1・1）、信仰の試練（1・2〜18）、神の言葉の実践について（1・19〜2・26）、共同体における不和の問題（3・1〜4・12）、罪について（4・13〜5・12）、罪人のための祈り（5・13〜20）です。

信仰を持つ人は、どのように生きるべきなのか。ヤコブの手紙の主要なテーマであるこの問いに答えることは、決して簡単ではありません。しかし著者は、積極的かつ大胆に踏み込んでいきます。

著者はまず、試練の時にはそれを喜び（1・2）、忍耐し（同4節）、疑わず神に願い求めなさい（同5〜6節）と勧めました。試練の時だからこそ、創造者である神から良き贈り物が与えられると信じることが大切であると言います（同16〜17節）。著者は、その神からの賜物《たまもの》を「真理の言葉」（同18節）と呼び表しました。

ではいったい、この真理の言葉にどう向き合えばよいのでしょうか。著者は「御言葉を行う人になりなさい。自分を欺いて、聞くだけで終わる者になってはいけません」（同22節）と勧めています。

自分には信仰があると言いながら、それにふさわしい行いをしない人を著者は知っているのでしょう。そんな人にこそ「人は行いによって義とされるのであって、信仰だけによるのではありません」（2・24）という主張が意味を持ちます。

しかし「人が義とされるのは律法の行いによるのではなく、信仰による」（ローマ3・28）というパウロの教えを心に留めている人は、このような主張に抵抗を感じるかもしれません。果たしてヤコブの手紙の著者は、パウロの信仰理解に反することを語っているのでしょうか。

手紙の著者が神の言葉を「自由をもたらす完全な律法」（ヤコブ1・25）と呼んでいることに注目したいと思います。この言葉によれば、神がわたしたちに下さった真理の言葉は、わたしたちを自由と解放に導くということになります。わたしたちは御言葉によって解放されています。そうであるとすれば、どうしてわたしたちは御言葉を行うことに躊躇する必要があるでしょうか。

わたしたちは自由にされた信仰者であると自認していても、自由を失い、この世の価値観に捕らわれて人を差別してしまうことがあります。

その例として著者は、教会で貧しい人を辱《はずかし》める差別が起きることについて語っています（2・1～4）。ヤコブの手紙の受取人である教会で、実際に起こった出来事かどうかはわかりません。しかしパウロが関わったコリントの教会では、このような差別が起きてしまったのです（Ⅰコリント11・21〜22）。

わたしたちは信仰を持っていても罪を犯します。だからこそ、わたしたちは再び来られる主を待ち望み（ヤコブ5・7〜8）、苦しみの中で祈り、賛美をし、主の赦しを信じて生きる必要があります（同13〜15節）。こうして信仰と行いは車の両輪のように働いて、わたしたちの人生を豊かにし、隣人と愛し合う関係を築く力となるのです。

信仰の原点を目指し
神の愛に立ち帰ろう

60-61

ペトロの手紙《てがみ》一、二

何よりもまず、心を込めて愛し合いなさい。愛は多くの罪を覆うからです。（Ⅰ 4・8）

ペトロの手紙一、二（以下Ⅰ、Ⅱと表記）の著者はイエスの弟子ペトロを名乗っていますが、本人が書いたものではないとの説が有力です。執筆時期について、第一の手紙は紀元1世紀末頃で、第二の手紙は2世紀中頃であると考えられています。

ペトロの手紙一の著者は、ローマの属州に住む離散のユダヤ人キリスト者に向けて、信仰による励ましや教訓を与えるために執筆しました（Ⅰ 1・1）。ペトロの手紙二の著者は、その続編として手紙を書いたと主張しています（Ⅱ 3・1）。

手紙一の構成は、あいさつ（1・1～2）、救いの喜び（1・3～12）、聖なる者として生きる（1・13～2・12）、キリスト者の生き方について（2・13～3・7）、キリスト者の苦難について（3・8～4・19）、長老への勧め（5・1～11）、結びのあいさつ（5・12～14）です。

手紙二は、あいさつ（1・1～2）、神の約束（1・3～21）、偽教師についての警告（2・1～22）、再臨の希望と結びのあいさつ（3・1～18）です。

手紙二は、ユダの手紙と内容が極めて近いものとなっていますので、ここでは手紙一に聴いていきます。

著者は、信仰を持って生きる人に試練が訪れることを踏まえて助言と励ましを与えようとしています（Ⅰ1・6～7）。その試練の中でも特に厳しいのは、異教の世界で生活する時に受ける誹謗中傷です（Ⅰ2・12）。キリスト者は、天地万物を創造された神がキリストの死と復活を通して憐れみを示してくださったことに希望を抱いています（Ⅰ1・3～5）。しかしそれを信じない人たちは、つまずきます（Ⅰ2・7～8）。異教の世界を生きるキリスト者は、その影響を受ける危険の中にあるのです。

実は手紙の受領者たちも、かつては異教の世界で肉の欲に染まっていましたが（Ⅰ4・3）、信仰によって、そのような乱行から離れていくようになりました。ところが周辺の人々は、そんな彼らを怪しんで非難するようになったのです（同4節）。

だから著者は、その勢いに巻き込まれないよう、「魂に戦いを挑む肉の欲を避けなさい」（Ⅰ2・11）と助言して、彼らを励まします。そして、この世の試練に耐えられるよう、わたしたちの罪のために苦しまれたキリストが導いてくださることを信じるように勧めているのです（Ⅰ3・17～18）。

主の救いの業《わざ》を否定する人々が生きる世界の中で、少数者であるキリスト者は孤独を感じることがあるでしょう。倫理に反する誘惑に直面することも少なくありません。しかし、わたしたちは自分の力でそれに立ち向かう必要はないのです。わたしたちを新たに生まれさせてくださったキリストの救いが信仰の出発点だからです。

「あなたがたは、終わりの時に現されるように準備されている救いを受けるために、神の力により、信仰によって守られています」（Ⅰ1・5）。試練に直面しても、この信仰に立ち帰り、希望を抱くことによって罪に立ち向かうことができます。多くの罪を覆うほどの愛が与えられていることを信じて隣人を愛し（Ｉ４・８）、万物の終わりが来るときまで（同７節）耐え忍びつつ歩んでまいりましょう。

62-64

神の愛を信じる人は
人を愛して生きる

ヨハネの手紙《てがみ》一、二、三

愛することのない者は神を知りません。神は愛だからです。

（Ｉ４・８）

ヨハネの手紙一、二、三（以下Ｉ、Ⅱ、Ⅲと表記）の著者は不明ですが、ヨハネによる福音書の著者と同一人物であるとの見方もあります。執筆時期は、紀元110年前後であると考えられ

ています。
手紙一と二は愛の手紙です。著者は、反キリストの教えに揺れる教会（Ⅰ2・18〜19、Ⅱ7節）に向けて、愛に生きる信仰を勧めるために執筆しました。手紙三の著者は、ガイオに向けて個人的な勧めを書き送っています（Ⅲ1節）。

手紙一の構成は、序（1・1〜4）、神の愛について（1・5〜2・17）、反キリストについて（2・18〜27）、神の子として愛に生きる（2・28〜3・24）、愛は神から出る（4・1〜5・5）、永遠の命イエス・キリスト（5・6〜21）です。

手紙二は、あいさつ（1〜3節）、愛の掟（4〜11節）、結びの言葉（12〜13節）です。

手紙三は、あいさつ（1〜4節）、真実の証し（5〜12節）、結びの言葉（13〜15節）です。

著者の教会には「神を知っている」と言いながら、それにふさわしい歩みをしない信仰者がいました（I2・4）。彼らは、自分には罪がないと主張して自らを欺き（Ⅰ１・８）、「光の中にいる」と言いながら教会の仲間を憎んでいたのです（Ⅰ２・９、Ⅲ10節）。また、教会に入り込んできた反キリストは、イエスが救い主であることや、人の姿をとって来られたことを否定し（Ⅰ２・22、４・２〜３）、信仰者を惑わしました（Ⅰ２・18〜26、Ⅱ７節）。結局、これが教会の分裂騒動に発展したのです（Ⅰ２・19）。

反キリストたちは、目に見えない霊的なものだけを重んじるので、信仰の知識があっても実際の生き方には何も生かされていませんでした。だから著者は、神の愛を強調しました（Ⅰ４・８、Ⅱ６節）。愛は、情緒的なものではありません。著者は、仲間が必要な物に事欠いていれば、誠実に行動することが愛であると主張します（Ⅰ３・17〜18）。

イエス・キリストは、わたしたちと同じ人間の姿をとってこの世に来られ、自分の命を惜しまずに愛を示してくださいました（Ⅰ３・16）。この愛を知っていながら、どうして隣人を愛さずにいられるでしょうか。「わたしたちが愛するのは、神がまずわたしたちを愛してくださったからです」（Ⅰ４・19）との言葉を心に留めて、共に歩んでまいりましょう。

乱れた時代の中を
主イエスの憐れみによって生きる

65 ユダの手紙《てがみ》

神の愛によって自分を守り、永遠の命へ導いてくださる、わたしたちの主イエス・キリストの憐れみを待ち望みなさい。（21節）

ユダの手紙の著者は、ヤコブの兄弟ユダ（マルコ6・3）を名乗っていますが、本人ではないと考えられています。

執筆時期は紀元2世紀初頭で、イエス・キリストを否定しみだらな行いにふける不信心な者たちに（4節）、信仰をもって立ち向かうことを勧めています。

本書の構成は、あいさつ（1〜2節）、偽教師に対する非難（3〜16節）、信徒たちへの警告と励まし（17〜23節）、結びの祈り（24〜25節）で、ペトロの手紙二に近い内容です。

異なる教えをまき散らす人々によって、教会の危機が訪れる場合があります。著者はこの手紙で、教会に入り込んだ偽教師の問題について警告しました。彼らは、ひそかに教会に紛れ込み、信徒の生活をみだらなものに導き、主イエス・キリストを否定すると言います（4節、Ⅱペトロ２・１～２）。

しかし、それほどまでに本来の信仰から逸脱しているのであれば、簡単にそれと気づいて毅然と立ち向かえそうに思われます。いったいなぜ、教会は偽教師の思惑どおりに乱れてしまったのでしょうか。

その理由は17節に暗示されています。「愛する人たち、わたしたちの主イエス・キリストの使徒たちが前もって語った言葉を思い出しなさい」。つまり、わたしたちは意識して信仰の言葉に耳を傾けなければ、いつの間にか異なる教えに流されてしまうということです。

確かに、使徒たちは偽教師の出現を予告していました（18節）。そして、神の愛に委ね、永遠の命に導く主イエスの憐れみに希望を抱くように教えてくれていたのです（21節）。わたしたちも礼拝によって、この恵みの教えを常に心に留めることができます。

神の歴史の終末は
キリストの勝利

66 ヨハネの黙示録《もくしろく》

わたしはアルファでありオメガである。初めであり、終わりである。渇いている者には、命の水の泉から価なしに飲ませよう。（21・6）

ヨハネの黙示録の著者は僕《しもべ》ヨハネと名乗っていますが、イエスの弟子ゼベダイの子ヨハネではなく、小アジアにある諸教会の指導者であったと考えられています。執筆時期は紀元94～95年頃で、迫害が迫る状況の中で教会を励ますために執筆されました。

本書の構成は、序（1・1～3）、7つの教会への手紙（1・4～3・22）、導入となる幻（4・1～5・14）、7つの封印（6・1～8・1）、7つのラッパの幻（8・2～11・19）、天のしるしの実現（12・1～20・15）、新しい天と新しい地（21・1～22・5）、キリストの再臨（22・6

～21）です。

アジア州の諸教会は、偽使徒の難（2・2）、貧困（同9節）、殉教（同13節）などの苦難に耐え忍びながら信仰を守っていました。著者は、そのようなキリスト者の労苦を知って励まそうとしています。

しかし教会には問題もありました。愛から離れる教会（2・4）や、誹謗中傷による苦難を恐れる教会（同9～10節）がありました。さらには、偶像にささげた肉を食べさせてみだらな行いに誘う者（同14、20～22節）や、生き生きとした信仰が失われてしまった者（3・1、同16節）もいました。だから著者は、交わりの食事へと招く主イエスの姿を思い起こさせて、本来の信仰を取り戻させようとしたのです（同20節）。

そんな教会にとって最大の危機は、皇帝礼拝を迫るローマ帝国の迫害でした（13・4）。「獣は聖なる者たちと戦い、これに勝つことが許され、また、あらゆる種族、民族、言葉の違う民、国民を支配する権威が与えられた」（同7節）。この迫害によって命さえも奪われる危険な状況を、どのような信仰によって耐え忍ぶことができるでしょうか（同10節）。

天地の創造以来、世界では暴力と支配が続いてきました。神の子イエスも十字架の死によって犠牲となり、その血を流されたのです。しかし著者は、この主イエスを小羊と呼び、彼らに救いを示そうとします。「玉座の中央におられる小羊が彼らの牧者となり、命の水の泉へ導き、神が彼らの目から涙をことごとく　ぬぐわれるからである」（7・17）。

この著者の言葉が示すように、主イエスは暴力に苦しめられる人々を「命の水」へ導かれると言います。しかも主イエスは、終わりの時には再臨すると約束されています（22・20）。果たして、わたしたちは主イエスの最終的な勝利を信じることができるでしょうか（21・7）。この世にはびこる暴力に負けないよう、最後まで希望をもって歩んでいきましょう。

おわりに――さあ、聖書を読もう！

木原桂二

本書の読者の皆さんは、もうお分かりかと思いますが、『聖書』という書物は66巻という小さな書物を合本にしたものです。それぞれ書かれた時代、地域、さらには著者も違っていたりします。文学のジャンルにもいろいろあって、歴史的な文書もあれば、詩の形で信仰を表したものや他の信仰者に宛てた書簡もあります。

ですから、最初から最後まで順序に従って読み通そうと気負う必要はありません。信仰者の書いた詩に心を打たれたいと思えば詩編を読めばよいし、イエスのことをもっと知りたいと思う人は福音書を読めばよいのです。ただ、その際には自分が選んだ書物については最初から最後まで読み通してください。そうすることによって、聖書の言葉が生き生きとしたものとして迫ってくるでしょう。おそらく本書を手にされた方の多くは、すでに何らかの形で聖書の言葉に触れておられると思います。いわゆる愛唱聖句と呼ばれる聖書の言葉を心に留めて、それを心の励みにしている方もあるでしょう。あるいは、日曜日の礼拝の中で取り上げられた聖書の短い言葉に心を動かされるという経験は誰にもあると思います。

そのような、心を捕らえる短い言葉は一体どのような状況の中で誰に向けて何のために語られたのでしょうか。そんなことを全く知らなくても、聖書の言葉の力は普遍的なものとして、いつでもどこでも私たちの心の支えになるかもしれません。しかし言葉は、状況の中で生きるものです。

聖書の登場人物たちが苦しんだとき、悩んだとき、絶望しかけたとき、彼らはどんな信仰によって励まされたのでしょうか。聖書の言葉が語られた状況や、その言葉を含む書物全体の傾向などを知れば、聖書の言葉はさらに身近なものと感じられるはずです。それは、過去の信仰者の言葉との生きた出会いなのです。聖書の中にある「いのちの言葉」を求めて、さあ、聖書を読みましょう！

二〇二三年十月

小友　聡（おとも・さとし）
1956年生まれ。1986年、東京神学大学大学院修士課程修了。
1994-99年、ドイツ・ベーテル神学大学留学（神学博士）。
現在、東京神学大学教授、日本基督教団中村町教会牧師。
著書：『VTJ旧約聖書注解　コヘレト書』『コヘレトの言葉を読もう』（共に日本キリスト教団出版局）
訳書：T. E. フレットハイム『現代聖書注解　出エジプト記』、W. P. ブラウン『現代聖書注解　コヘレトの言葉』（共に日本キリスト教団出版局）

木原桂二（きはら・けいじ）
1968年生まれ。1998年、西南学院大学神学部卒業。
2011年、関西学院大学大学院神学研究科博士課程後期課程修了（博士［神学］）。
現在、関西学院大学商学部准教授・宗教主事。
著書：『ルカの救済思想　断絶から和解へ』（日本キリスト教団出版局）
共著：『青野太潮先生献呈論文集　イエスから初期キリスト教へ——新約思想とその展開』（リトン）、『キリスト教で読み解く世界の映画』（キリスト新聞社）

装　　幀：デザインコンビビア（飛鳥井羊右）
イラスト：デザインコンビビア（堀　明美）

1冊でわかる聖書66巻＋旧約続編

2023年10月25日初版発行
2023年12月25日再版発行

著者　小友　聡
　　　木原桂二

発行　日本キリスト教団出版局
〒169-0051　東京都新宿区西早稲田2-3-18
電話・営業03（3204）0422、編集03（3204）0424
https://bp-uccj.jp/
印刷・製本　ディグ

ISBN978-4-8184-1145-6 C0016　日キ販
Printed in Japan